湖山风雅颂

寻山记

苏州高新区（虎丘区）文化体育和旅游局
苏州高新区（虎丘区）档案馆　编
苏州高新区（虎丘区）地方文化研究会

苏州大学出版社
Soochow University Press

图书在版编目（CIP）数据

湖山风雅颂：寻山记/苏州高新区（虎丘区）文化体育和旅游局，苏州高新区（虎丘区）档案馆，苏州高新区（虎丘区）地方文化研究会编．——苏州：苏州大学出版社，2023.7

ISBN 978-7-5672-4458-0

Ⅰ.①湖… Ⅱ.①苏… ②苏… ③苏… Ⅲ.①山—概况—苏州 Ⅳ.① K928.3

中国国家版本馆 CIP 数据核字 (2023) 第 118158 号

HUSHAN FENGYASONG　XUNSHAN JI
湖 山 风 雅 颂·寻 山 记

编　　者：苏州高新区（虎丘区）文化体育和旅游局
　　　　　苏州高新区（虎丘区）档案馆
　　　　　苏州高新区（虎丘区）地方文化研究会
责任编辑：倪浩文
出版发行：苏州大学出版社
社　　址：苏州市十梓街 1 号
邮　　编：215006
网　　址：http://www.sudapress.com
邮　　箱：sdcbs@suda.edu.cn
印　　刷：苏州市深广印刷有限公司
开　　本：889 mm × 1 194 mm　1/16
印　　张：12.25
字　　数：276 千
版　　次：2023 年 7 月第 1 版
印　　次：2023 年 7 月第 1 次印刷
书　　号：ISBN 978-7-5672-4458-0
定　　价：218.00 元

若有印装错误，本社负责调换
苏州大学出版社营销部　电话：0512-67481020

《湖山风雅颂·寻山记》编委会

主　　　任：毛　伟
副　主　任：宋长宝
执行副主任：肖建杰
委　　　员：鲍东辉　周晓明　郭　霞　冯燕芳　陶文胜　夏剑华
　　　　　　周　平　祝　倩　赵　琛　杜　衡　张斌川

《湖山风雅颂·寻山记》编撰组

顾　　问：周晓明　陆　衡
组　　长：夏剑华
副 组 长：赵　琛
成　　员（以姓名笔画为序）：
　　　　　尤文华　杜　衡　张文献　张肖千　张　勇　张　斌
　　　　　陈　英　季卫秋　钦瑞兴　俞小康　耿佃利　高　正
　　　　　曹　涛
图文统稿：张文献　俞小康
书名题签：陆　衡
篆　　刻：庄　铮
地图绘制：苏州中科知成地理信息科技有限公司
摄　　影（以姓名笔画为序，部分照片由苏州高新区摄影家协会提供）：
　　　　　尹　辉　朱卫东　华晓忠　陈　坚　陈连火　季卫秋
　　　　　俞小康　夏剑华　蔡　洁　等

文徵明《浒溪草堂图》（局部）

序

  苏州高新区东依千年大运河，西临万顷烟波太湖，333平方千米的广袤大地上，矗立着56座青山。东部有上方山、狮子山、何山、横山等，中部有支硎山、高景山、鹿山、阳山、大石山、观山等，西部有庄里山、姚岗山、秀峰山、大小贡山……这些都是江南名山，山不高，却各具特色。据史料记载，"阳山为吴之镇"，"群峰岌嶪"，有"吴中普陀"之称；大石山，素享"独步江南，天然画本，尺幅千里"之赞；支硎山，古人称誉"天下之名郡言姑苏，古来之名僧言支遁"，乾隆下江南，六次到此。

  山的沉稳、水的灵动，孕育了独特的运河文化和太湖文化，也演绎了丰富的传统民俗文化和现代都市文化……它们共同构成了灿若星辰的江南文化。一曲出云霄，一梦入江南。江南，是中国人的江南，也是江南人的江南，更是苏州人的江南。诗意姑苏，"绣美高新"，隐隐青山，迢迢绿水，青砖白瓦，绿柳垂杨，满载着江南文化最丰富的意象和最饱满的情感。

  "青山就是美丽，蓝天也是幸福。"绿水逶迤，青山相向，这般的诗意田园，凝聚着人民群众对绿色美好生活的共同向往和追求。《湖山风雅颂·寻山记》正是遵循着习近平总书记提出的"绿水青山就是金山银山"理念，对苏州高新区境内的每一座山进行探寻、访问，系统梳理山林概况，以及整理记录每座山相关的历史人物、历史遗迹、出土文物、诗文书画、传说节庆、特产风物等，在传承与发扬、涅槃与新生的过程中，更好地用中国文化里的山水精神滋养心灵沃土、涵养文化品格，进一步提升这方土地上人民群众的文化自信，让文化之根永续、历史记忆长存。

如何将山水自然优势转化为区域高质量发展的资源禀赋？苏州高新区正有条不紊施行"一山一策"的战略部署，对每一座山体逐一划定保护范围，给每座山打造自身的独特风景，让每座山讲述自己的专属故事。这既是一次寻山之旅，也是一次寻根之旅，更是一次文化之旅。

望山见水记乡愁。我们有理由相信，这种尝试，既有利于自然人文内蕴与城市生活空间的精准融合，又有利于开辟新的认知空间和文化场景，可以有效增强与山水相融、与生活相融、与人民相融的城市品格和精神追求。

是为序。

毛 伟

2023 年 6 月

目录

狮山 横塘
　上方山 2
　横山 13
　狮子山 19

枫桥
　何山 28
　支硎山 34
　高景山 44
　鹿山 49
　团山 53
　白鹤山 54
　南爪山和北爪山 57

浒墅关
　阳山 60
　阳抱山 70
　象山 75
　观山 77
　白豸山 80

蒸山 83

通安
　树山 88
　大石山 93
　鸡笼山 102
　真山 106
　华山 110

东渚
　玉屏山 116
　凤凰山 122
　锦峰山 124
　小茅山 129
　五龙山 131
　牛头山 134
　龙山 135
　庄里山 138
　黄𡽹山 140
　馒头山 141

严山 143	上山 168
平王山 146	马舍山 169
恩顾山 147	邢舍山 171
彭山 149	朱家山 171
	小连山 171
镇湖	西洋山 171
大贡山和小贡山 152	舟山 172
马山 156	马肚山 172
秀峰山 158	金鸡山 172
杵山 162	东蛇姆山 172
米泗山 163	西蛇姆山 172
新盛山 164	小南山 172
游城山 166	东山 173
	照霞山 173
	乌龟山 174
	后记 175

湖山風雅頌

獅山

肅天獅子衆塔峋岈口平吞摸家
人雄拔高山皆奪氣松高大士合藏
身石膚劉棗存真骨雲頂單棲絕
四鄰舍同窟山話分句尋運個章自新
滿來跡寒巖一肓宗作陸恢

橫塘

南浦春來綠一川石橋朱塔兩
依然禾黍送客橫塘路細雨垂
楊繫畫船 范成大橫塘一首 陸恢

上方山

【山林概述】

　　上方山，一名楞伽山，又名治平山、踞湖山，在苏州古城西南部，高新区横塘街道辖区内，南侧与吴中区交界。古时将上方山和西南接壤的七子山以及吴山构成的横山山系，统称为横山，现在则以上方山统称。山体垂直投影面积2.87平方千米，主峰高92.6米。四面延伸，其支陇东北有茶磨山（俗名磨盘山），东南麓有普陀岩（观音岩），岩前石池渊深，崖壁陡峭。南为吴山岭，山麓原有春秋时吴王所筑酒城、吴越广陵王之子钱文奉建的寿圣院、明刘基开凿的古井及卢园遗址和泛月楼遗址等，久废。北面称宝积山，东南麓是丁家山。另外，上方山向西还有尧峰、凤凰、姑苏、花园、福寿山等山岭，峰峦绵延起伏。

上方山鸟瞰

上方山东面濒临石湖，山水相依，自唐代开始，就成为姑苏城外的一个重要风景区。现在，上方山依然以吴越遗迹和江南水乡风光取胜，植被茂密，林木葱郁，花果满园，成为天然的公园，被誉为吴中胜境。

上方山历史上曾有八景：白云径、先月楼、盟鸥亭、楞伽塔、双冷泉、范公祠、治平寺、藏晖斋。

【历史人物】

杨　素

杨素（？—606），字处道，弘农华阴（今属陕西）人，隋大臣，执掌朝政。隋开皇间代帝出征江南。平定吴郡后，开皇十一年（591），杨素徙郡于横山，吴县治设在横山东麓的治平寺址，县学设在横塘镇上。不久，新城建好，民居栉比，自成坊市。

丁公著

丁公著（769—832），字平子，唐代吴郡（今江苏苏州）人。官至太常卿。其父去世，亲自负土筑坟，民间称丁家山，即上方山东南麓。著有《孟子丁氏手音》等。

范成大

范成大（1126—1193），字至能，晚号石湖居士。南宋吴县（今江苏苏州）人。名臣、文学家、诗人。官至参知政事、资政殿大学士。卒谥文穆。通文史，善诗词，与尤袤、杨万里、陆游并称"中兴四大诗人"。纂修《吴郡志》等。曾隐居石湖上方山麓，写下著名的《四时田园杂兴六十首》。

王　宠

王宠（1494—1533），字履吉，号雅宜山人等，明吴县（今江苏苏州）人。工篆刻，擅诗文，尤以书法名噪一时。曾于上方山下的越城桥畔筑越溪庄。著有《东皋志》《野菜谱》《雅宜山人集》等，传世书迹有《杂诗卷》《千字文》《古诗十九首》《李白古风诗卷》等。

卢 襄

卢襄（1481—1531），字师陈，自号五坞山人。明吴县（今江苏苏州）人。进士，官至礼部员外郎。著有《石湖志略》等。

陆子冈

陆子冈，明代嘉靖、万历年间琢玉嵌宝工艺家，太仓人，后迁居吴县（今江苏苏州）横山。被奉为琢玉业祖师。年未六十，为僧上方山治平寺，不入城市。

叶 燮

叶燮（1627—1703），字星期，号已畦，世称横山先生。吴江北厍人，叶绍袁、沈宜修幼子。清初诗论家。曾任江苏宝应知县。绝意仕途后，纵游海内名胜，诵经撰述，设馆授徒。晚年定居上方山。著有《江南星野辨》和诗文集《已畦集》，诗论专著《原诗》被认为是继《文心雕龙》之后，我国文艺理论史上最具逻辑性和系统性的一部理论专著。

张大纯

张大纯（1637—1702），字文一，号松斋，清长洲（今江苏苏州）人。诸生。曾居京城。归苏后，在上方山南坡其祖坟旁建丙舍，又建泛月楼。曾对《百城烟水》重加纂辑补缀完书，另编有《姑苏采风类记》等。

顾 禄

顾禄（1794—1843），字总之，一字铁卿，自署茶磨山人。所著《清嘉录》以十二月为序，逐条考订，集建筑、掌故、诗文为一编，记述了苏州及附近地区的节令习俗，是研究明清时期苏州地方史、社会史的重要资料。

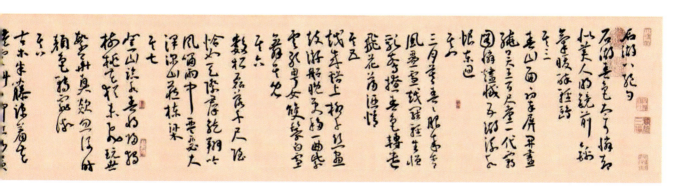

王宠《石湖包山诗卷》

【历史遗迹】

楞伽寺与楞伽寺塔

楞伽寺在上方山顶。寺内有始建于隋大业四年（608）楞伽寺塔，塔铭由司户严德盛撰写，北宋太平兴国三年（978）重修，为七级八面仿木结构楼阁式砖塔，塔主体结构仍为宋代遗存。塔高23米，边长2.4米。1982年，楞伽寺塔被认定为江苏省文物保护单位。

治平寺与越公井

治平寺，旧名楞伽寺，南朝梁天监间僧法镜建。宋治平元年（1064）改称治平寺。隋开皇十一年（591），杨素曾移吴县县治于此。明洪武年间，以王宠为首的一批文人在此结社建厅堂，文徵明题额"石湖草堂"。崇祯十年（1637），徐汧筑室于治平寺，40年后寺僧重葺，汧子徐枋题额思乐亭。入清后，治平寺复兴，康熙曾小住于寺内，乾隆6次南巡时在寺内建行宫，留下《治平寺》《雨中游上方》《上方山楞伽寺》《游上方山》等诗作。嘉庆年间，在寺中建五贤祠，纪念唐寅、文徵明、王守、王宠、汤

治平寺

越公井

珍。太平天国时，寺毁，同治九年（1870）重建。现经整修，治平寺恢复了天王殿、大雄宝殿，建设了碑廊，环境清幽，成为一处吸引人的景点。治平寺旁有石井，名越公井，传为越国公杨素所开凿。

宝积寺

位于治平寺南，宝积山麓，为隋大业间僧永光建，后荒废。现宝积泉景点是在宝积寺旧址上兴建的。治平寺古文化层就暴露在此。

郊　台

位于上方山和茶磨屿之间，是吴王在郊外祭天祀地的场所。郊台现仅剩一台状小丘，近旁有名人李根源所题"郊台"摩崖石刻。

石佛寺

又名潮音寺，始建于南宋，依山而建。明代就山岩凿出观音像一尊，高一丈有六，神态逼真。乾隆到此，曾题写匾额并撰写对联一副。

乾隆御道

在治平寺前，自茶磨山南下，蜿蜒至郊台，再沿岭通达上方山的上山路处，全长约1000米。御道用小砖或细石砖砌成，宽约1米，间嵌麒麟、双钱、回字、蝙蝠、宝瓶、鱼形等吉祥图案。据传此道役夫万人，3天内筑成。

顾野王墓

顾野王（519—581），原名顾体伦，字希冯，南朝梁陈间吴县（今江苏苏州）人。黄门侍郎，著名地理学家、文字训诂学家、史学家，曾主修《梁史》，著有我国现存最早的楷书字典《玉篇》。顾野王墓坐落在上方山东南下舟村，占地面积50平方米，封土直径10米，高约2米，上下散布大石5块，传为陨石，当地人称顾野王墓为"落星坟"。民间有"宁可赤脚奔，莫踏顾公坟"之说。1963年，被认定为苏州市文物保护单位。

申时行墓

申时行（1535—1614），字汝默，号瑶泉，明吴县（今江苏苏州）人。状元。官至首辅，卒谥文定。葬于上方山东，俗称申家坡。墓地占地甚广，神道碑亭内树巨碑，碑亭后享堂是明代建筑，堂内立万历间巨碑7通，墓前石人、石兽等残存。申时行墓为苏州历代陵墓中规模最大又保存较完整的墓。1982年，被认定为苏州市文物

申时行墓享殿碑刻

保护单位。1995年，被认定为江苏省文物保护单位。

祝允明墓

祝允明（1460—1526），字希哲，号枝山、枝指生，长洲（今江苏苏州）人。弘治举人，授官广东兴宁县知县，迁应天府通判，故后人称"祝京兆"。天赋聪颖，5岁能作径尺字，9岁能诗，外祖父徐有贞、岳父李应祯皆为书坛名家，对其书艺影响甚大。其书法楷、行、草成就卓著，能博采晋、唐、宋各家之长而自成一家，个性鲜明。诗文造诣颇深，为文多奇气，与唐寅、文徵明、徐祯卿并称"吴中四才子"，与文徵明、王宠同为明代中期有代表性之书法家，称"三大家"。著有《前闻记》《九朝野记》《怀星堂集》等。墓在上方山九龙坞祝家山，现无存。

洪钧墓

洪钧（1839—1893），字陶士，号文卿，吴县（今江苏苏州）人，清末状元、外交家、史学家。官至兵部左侍郎，曾任出使俄、德、奥、荷大臣。在国外接触到俄国人贝勒津所译波斯人拉施特丁的《史集》及亚美尼亚人多桑的《蒙古史》著作，因得用西方的资料补证《元史》，撰成《元史译文证补》。墓在上方山宝华坞，现无存。

【历代诗文】

茶磨屿

明 沈 周

上方一带皆临水，浸入青山影漾流。

茶磨如询何代始，依稀鸿渐与名留。

道光《苏州府志》

月夜登上方绝顶（其一）

明 王宠

五湖涌青莲，削出千丈壁。

空中构宝殿，珠光相荡射。

明月海上来，照见半山赤。

千林似竦动，鸟兽夜辟易。

飞驰入中天，万里扫空碧。

吴越何茫茫，俯视一气白。

身列星辰间，绝顶布瑶席。

举杯酌银河，误触支机石。

回首招王乔，吾亦成羽翮。

《横溪录》

横山（节选）
明 袁宏道

山周回甚广，环以佛刹，如荐福、楞伽、治平、宝华之类皆在，亦胜概也。吴越时，此山最为要地。隋文帝曾移郡邑于此，今治平寺有越公井，或曰吴朝大井，或曰井在吴王郊台下，乃吴王开而萦浚之，皆不可考矣。

《袁中郎全集》

游治平寺登吴王郊台
明 王鏊

朝发石湖渍，暮抵太湖岸。

青山亦多情，供我船中玩。

船中山亦行，一路青不断。

白云渺渺山重重，不知何处昔是吴王宫。

越来溪边越城在，夫差受困云在兹山中。

今朝叩禅关，访古寻幽踪。

僧言事往那能识，钟鼓声中度朝夕。

郊台漠漠麋鹿游，茶磨团团蔓荆棘。

不须吊古伤怀抱，且欲凭高纵吾眺。

人家历历新郭里，川渎泛泛胥口道。

吴江塔影昆山城，一览因之发长啸。

天风万里天际来，吴王郊祀昔日登斯台。

千乘万骑湖上下，只今安在唯见山崔嵬。

船来船去湖西畔，青山无言人自换。

来来去去世无穷，莫学牛山独兴叹。

《横溪录》

新年至湖上，饮茶磨山绝顶
明 文徵明

楞伽春水玉浮天，茶磨晴岚翠扫烟。

坐喜湖山收宿雨，眼看梅柳入新年。

等闲陈迹还成古，老大欢惊不似前。

日暮刚风吹酒醒，始知身在碧云巅。

《横溪录》

文徵明《横塘图》

石 湖

明 李流芳

石湖在楞伽山下，寺于山之巅者，曰上方。逶迤而东，冈峦渐夷，而上下起伏者，曰郊台，曰茶磨。寺于郊台之下者，曰治平。跨湖而桥者，曰行春。跨溪而桥，达于酒城者，曰越来。湖去郭不十里而近，故游者易至，然独盛于登高之会，倾城士女皆集焉。戊申九日，余与孟阳同游，值风雨，游人寥落，山水如洗。着屐至治平寺，抵暮而还。有诗云："客思逢重九，来寻雨外山。未能凌绝顶，聊共泊西湾。茶磨风烟白，薇村木叶斑。谁言落帽会，不醉复空还？"山下有紫薇村，阳尝居于此，今已作故人矣，可叹！

《檀园集》

【民间传说】

汤斌破五通神

上方山楞伽寺塔下有个五通祠。五通是驴、马、羊、狗、黄鼠狼五个邪神，从明朝起，苏州许多人称为五圣，也叫五显灵神、五郎神。据说五通能附在妇女身上，做出种种怪状，当时人们都很迷信它。尤其是八月十七，是五圣的诞辰，有许多女巫上山烧香到天明。清康熙时，抚台汤斌恨其淫威太盛，命人把铁链套在神像身上，把他们从五通祠里拖出来，抛沉在石湖中。五圣作祟的事从此便绝。

【传统节庆】

八月十八游石湖

农历八月十八游石湖，在苏州也被称作"走月亮"。此时，天气高爽，气候宜人，月光为一年中最皓洁、明亮，游湖赏月之俗便应运而生。每遇此日，游人争至上方山旁的行春桥畔看石湖串月。其时，月光初入桥洞中，九个环洞可见九个水中之月。石湖岸边，摊贩林立，形成石湖庙会。

【公共设施】

上方山国家级森林公园

1992年由林业部批准为国家级森林公园。森林公园是集生态、游览、休闲、科普等于一体的景区，规划面积5平方千米。林木覆盖率95%以上，植物种类繁多，有89科，300多种，主要树种为松树、柏树等，树种结构为针阔混交林，以硬阔类为主。

上方山森林动物世界

上方山森林动物世界前身是苏州动物园。2016年10月建成正式开放，规划面积0.67平方千米。园内动物种类有100多种，54%属于濒危物种。上方山森林动物世界是苏州地区唯一集野生动物保护繁育、科普教育、生态游览及休闲娱乐于一体的综合性展区。

横山

【山林概述】

　　横山，位于青石路东侧，苏福快速路西侧。苏白中"横""黄"音相似，故又称黄山。横山三峰相连，状如笔架，亦名笔格山。横山由燕山期的花岗岩浆上侵而成，山的西侧为花岗岩，山的主体几乎全为石英砂岩分布，主峰海拔96.6米，呈南北向展布，其余两峰分别是77米和54米。横山南北长1.3千米，东西宽0.4千米，面积约0.52平方千米。山体垂直投影面积0.53平方千米，树种结构为阔叶混交林。主要树种为松树、香樟等。山上植物丰富，白鹭翔集，生态环境良好。

【历史遗迹】

法云寺
横山原有法云寺,寺之轩窗皆可眺望。寺内有佛塔。今不存。

陈国长公主及驸马墓
陈国长公主及石驸马葬于法云寺旁,今不存。

虎　洞
山的西半坡有两个石洞,深可三四丈,俗称虎洞。明朝有人于此采石,又称石荡。

千人冢
王世充,字行满,西域胡人。隋末一代枭雄。曾出兵讨伐杨玄感叛乱,后负誓杀降,斩首八千余人,挖坑埋于山之下黄亭涧。

横山葱茏

滕德懋墓

滕德懋，字思勉，明代吴县（今江苏苏州）人。官至尚书。因提出"以苏赋最重，量减十万"而得罪朱元璋。卒后赐葬黄山，民国《吴县志》有载。今墓址已无考。

【历代诗文】

自横塘桥过黄山
宋　范成大

阵阵轻寒细马骄，竹林茅店小帘招。

东风已绿南溪水，更染西南万柳条。

《姑苏采风类记》

秋　泛
明　王鏊

笔格山前树作团，越来溪上水成澜。

秋风细雨横塘路，洗盏狂歌伍钓竿。

《横溪录》

湖上二绝句（其二）
明　王宠

星桥北挂泻春流，映出黄山水面浮。

霞石天青飞练鹊，桃花气暖醉轻鸥。

《姑苏采风类记》

八月十六日同文太史诸公登郊台，觞治平寺竹下，待月行春桥，夜泛胥门作
明　陆师道

阊阖城西佳山水，况复秋清风日美。

百斛游船稳于屋，锦帆瑶席空明里。

黄山西转古横塘，五坞云深盘上方。

飞桥连跨石湖口，螮影相衔明镜旁。

夕阳把酒郊台上，峰色湖光回相向。

表里河山忆伯图，逶迤峦岭开行障。

白云袅袅紫薇村，湖光荡薄入瑶樽。

夕霏掩隐梵王阁，松径行穿山寺门。

山僧不归钟磬隔，桐竹虚堂翠光射。

疏影低摇醽醁寒，玉人笑倚琅玕碧。

可怜落日情依依，空林栖鸟催人归。
兰舟不解惜清夜，坐待圆景升宵晖。
胡床醉剧金鳌背，徙倚凭栏酒频酹。
薄云灏气互吐吞，坐看东天尚蒙昧。
须臾光射灵虚宫，玉盘飞出沧海东。
金波奕奕掣千电，彩云皎皎腾双虹。
时时清汉微氛度，隐隐冰轮驰薄雾。
掩抑徘徊未全露，靳取清光照归路。
画鹢翩翩凌广寒，俯看碧浪跃银丸。
百花洲边花色昼，花中楼阁明朱栏。
此时杯行何足数，歌声遏云酒如雨。
庾公长啸兴不浅，阮籍沉酣狂欲舞。
莫愁露湿紫绮裘，月光常随青翰舟。
君不见胥门抉目郊台圮，何不清宵秉烛游？

《列朝诗集》

横塘（节选）

明　李流芳

横塘之上为横山，往时曾与潘方孺阻风于此。寻径至山下，有美松竹，小桃方花，恍若异境。因相与攀跻至绝顶，风怒甚，几欲吹堕。二十年事也。

《檀园集》

登黄山虎洞过陈公墓

明　徐祯卿

盘盘蒸山麓，侧径频折旋。
山人引我去，云有古洞天。
石磴被蔓草，捋衣步相连。
果然见二窟，俯瞰临深渊。
悲风谷口起，绕视惟茫然。
旁有石短垣，佛像古且坚。
虎迹与兽蹄，隐现苍藓间。
荒山少居民，下惟陈公阡。
凛然发长叹，为我吊重泉。

《横溪录》

登黄山

明　袁裒

有客过我门，同闲西踏青。

山盘数岭尽，路转万松深。

《横溪录》

【公共设施】

苏州烈士陵园

苏州烈士陵园位于横山西麓，1956年开始破土兴建，2000年重新改建，占地0.09平方千米。1963年被认定为苏州市文物保护单位。

黄山体育公园

2019年在苏福路以西，横山东麓建立，有1个七人制足球场、2个篮球场、1个门球场、3个器械健身广场，占地约4.8万平方米。公园以横山自然生态环境为背景，是集体育运动、休闲、文化等于一体的开放式公园。

苏州烈士陵园

苏州博物馆西馆

狮子山

【山林概述】

狮子山，简称狮山，山以形名。又名莳碓山、崒崿山、崒嵝山、岝崿山等。曾被误称为鹤阜山。位于苏州高新区狮山街道，珠江路、长江路、金山路、玉山路的围合区域内。山体南北走向，长约500米，海拔116.9米。狮子山岩石裸露，筋骨毕现，颇为奇特的是山南"狮子"的头和肩项处，全由大块的花岗石纵横垒叠而成，险峻奇伟，宛如雄狮张着嘴，扭转头侧望着东北方向；山的中部稍低，山梁突出，像狮子高挺的脊梁；东西两侧山坡比较陡峭，像狮子收敛的腹部；北面山势平缓，状如狮子的臀部；更妙的是臀部处有一排巨岩突出在山梁上，好像是一条高高竖起的尾巴；而"狮子"下巴处，还有一片紫竹，倒垂如须。狮子山不仅形似狮子，让人惊叹的是狮子山前还有两个"狮子"玩耍的"绣球"——两座小土山。

清末状元洪钧曾列"狮山十景"：第一景，狮子回头望虎丘；第二景，狮子坠星；第三景，狮山眠松；第四景，"天下第五泉"；第五景，状元读书处；第六景，日神土地庙；第七景，狮山吟诗处；第八景，吴王僚墓；第九景，寿圣公主墓；第十景，何充墓。

索山，俗称笠帽山，海拔仅24.4米，位于狮子山东南侧600米左右处。山体为花岗岩，石隙间有黑水晶。20世纪50年代以来，因开山采石，山体只剩原来的1/4，现已为索山公园。

狮子山右侧原有铃山，又称球山、放山，现已无存。

【历史人物】

朱梁任

朱梁任，"苏州五奇人"之一。清光绪二十九年（1903），他领着17位文化界精英，备上祭品，登上狮子山顶，立起绘有雄狮图案、书有"招我国魂"的布幡，向北放枪，放声唱起《招国魂歌》，发出热血的呐喊，举行招国魂仪式。

【历史遗迹】

狮子山晋代古墓群

1976年3月，枫桥林场发现狮子山东麓有个古墓群。吴县文管会于1976年、1979年2次进行发掘，共清理西晋砖室墓4座，考证为西晋惠帝时期豪族傅玄家族墓葬，出土随葬品126件，主要有簋、扁壶、兔形水注等青瓷器，灯座、鼎等铜器，以及铁剑、钗、环等。

思益寺与寿圣公主墓

狮子山下原有思益寺，又名思忆讲寺，梁天监间始建。元代重建观音大殿，元末被毁。明初彻庵大师驻锡重建。嘉靖时申时行曾在此苦读。清康熙间又修。今已无存。宋高宗赵构南渡，妹寿圣公主薨，葬在寺右，后世称此为皇妹墩。

石佛寺

在"狮子"颔部，原有石佛寺，今已无存。石佛寺遗址有道光款"洗心泉"摩崖石刻。

日神土地庙

原有日神土地庙，合祀日神和土地神，今已无存。

吴王僚墓

吴王僚，姬姓，名僚，号州于，春秋时期吴国君主，卒于专诸行刺。死后葬于狮子山。

陶俊墓

陶俊，明代定远人，曾官苏州卫右所。明永乐间讨伐交趾叛乱，大破象阵，后死于战事。卒葬索山。

祝大椿墓

祝大椿（1856—1926），字兰舫，无锡人，清末民初资本家，被称为"电器大王"，是中国近代民族工商业的重要代表人物之一，卒葬狮子山。

【出土文物】

青瓷魂瓶

青瓷魂瓶，出土于狮子山，通高59.2厘米，口径12.8厘米，底径14厘米。在瓶肩有"元康二年（292）闰月十九日超会稽"12字铭文。国内发现的晋代青瓷魂瓶带铭文的仅两件，此其一，为国家一级文物。现藏吴文化博物馆。

【历代诗文】

自思益寺次楞伽寺作
唐　白居易

朝从思益峰游后，晚到楞伽寺歇时。
照水姿容虽已老，上方筋力未全衰。
行逢禅客多相问，坐倚渔舟一自思。
犹去悬车十五载，休官非早亦非迟。

《横溪录》

岸崿山咏事
清　爱新觉罗·弘历

行永犹无事，牵山岂有斯？
湖深沟那凿，峰去跖奚遗？
徒见石刻峭，依然树此庑。
千秋纷纪载，曾几不虚词。

道光《苏州府志》

寒　岩
清　潘耒

啸天狮子最嶙峋，开口平吞摸象人。
雄拔万山皆夺气，孤高大士合藏身。

越窑青瓷楼阁式堆塑罐（出土于狮子山，现藏吴文化博物馆）

石肤剥尽存真骨，云顶单栖绝四邻。
会得寒山诗外句，无边烟景镇长新。

《遂初堂诗集》

狮　山

清　缪宗俨

崖口众山断，横岭何突兀。

起伏势峥嵘，雄诡卓天骨。

巉石抉爪牙，灌莽动毛发。

惊风入松林，震若吼声发。

疑参马祖禅，嘘嘘欲出窟。

道光《苏州府志》

徐扬《姑苏繁华图》（局部）

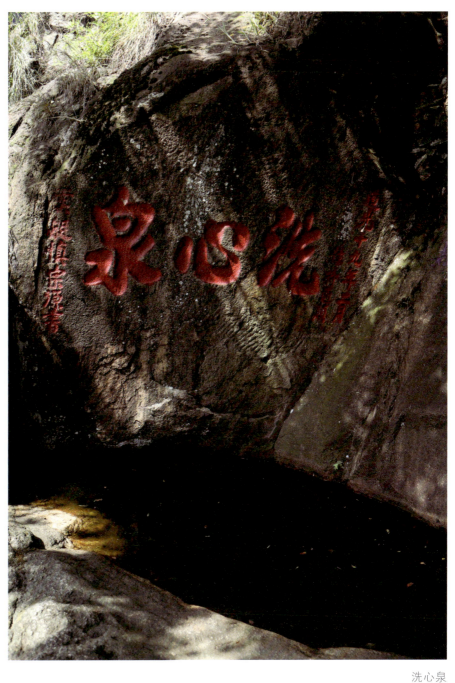

洗心泉

登崒嵼山泛月归枫桥

清　归庄

枫江待雪雪不作，且以晴天登崒嵼。
舟行尽处步寒原，梅林欲花绕山脚。
山巅巍砢无林木，石磴巉绝劣容足。
贾勇直上赖一筇，俯瞰翠微之佛屋。

山象猛兽威棱大，躜而跨之不跌蹉。
狂夫岂是法王身，遂登半天师子座。
远近群峰列眉黛，渺渺晴空起微霭。
城中城外七浮图，一一入眼无隔碍。
竦身疑在虚空境，夕阳照我千寻影。
月落空庭竹倍修，何况振衣在绝顶？
下从坦道入招提，僧厨饭罢月渐西。
同游莫愁归路遥，来时舟舣山前溪。
载得斜月鼓枻去，回首青山隔烟雾。
急呼斗酒解劬劳，不辞仍向枫桥住。

《姑苏采风类记》

赵圣关

长篇叙事吴歌《赵圣关》是一代代口耳相传的爱情悲剧，流传在江南一带已200余年。此歌长且悲，民间有"唱完赵圣关，口中吐血痰"之说。清同治七年（1868）江苏巡抚丁日昌将此作为"淫词小说"查禁。20世纪80年代，在《苏州日报》上连载，引发轰动。《赵圣关》中男女主人公赵圣关与林二姐实有其事，赵圣关祖父是官僚，父亲赵延顺是盐行巨商。狮山脚下赵宅前村，是赵圣关出生地和故宅所在地，也是《赵圣关》故事发生地。

【民间传说】

大禹引山

大禹治水时，令童男、童女入太湖，引出此山，欲以填水。引至鹤邑墟，山不肯进，遂为何山。大禹怕山逃走，就用两堆绳索将山盘捆起来，后来绳索化作了左边的索山和右边的铃山。

狮子回头望虎丘

上古女娲补天时，老虎与狮子相互争斗，无休无止。在它们中间有一条河，河里停了一只船，这船上满载了济世救人的药草。老虎与狮子争斗时把这草药船掀翻了。这船翻过来变成了一座山，横在它们中间，它们从此无法争斗，变成两座大山，即狮子山和虎丘山。"狮子回头望虎丘"，成为颇有故事的风景。

狮肚里的宝贝

传说狮子山的狮肚子里有金银财宝。觅宝的人走到狮子山附近村子，看到有位老婆婆家里有磨豆腐的石磨盘，长满了绿苔。他识货，知道这就是取宝的关键，欲向老婆婆高价购买。老婆婆心想这石磨能卖出大价钱必定有原因，遂不许。经过多方打听，才知道石磨是个宝贝。当天半夜，她和老公拿着石磨去狮子山，朝山"肚子"上一撞，撞出一个山洞，里面金光闪闪，都是金银财宝。他们正想进去拿财宝，却不料洞里蹿出一只红眼绿眉的活狮子。两人吓得转身就逃，却见活狮子衔了石磨就往山洞一钻，山洞瞬间就不见了。从此，人们再也无法打开狮子的"肚子"了。

天降大石

狮子山南有大石，古时认为是天上掉下来的，名之"坠星"。今尚有落星泾，在馨泰花园内。

【公共设施】

苏州乐园

1995年、1997年，享有"东方迪士尼"之美称的苏州乐园水上世界、欢乐世界分别在狮子山南侧、东侧建成开园，2000年苏州乐园欢乐世界获批全省首批AAAA级国家旅游景区。2015年、2017年苏州乐园水上世界、苏州乐园欢乐世界相继闭园，迁往阳山周边区域。

狮山文化广场

2018年开始苏州高新区在狮子山及周边区域规划建设狮山文化广场。狮山文化广场由苏州博物馆西馆、大剧院、科工馆及狮子山周边区域组成，建成后将与金鸡湖一起成为苏州当代城市文化名片。

苏州博物馆西馆位于狮子山东麓的狮山文化广场内，建筑面积4.84万平方米，2021年9月建成开放。博物馆建筑借鉴江南水乡街巷邻里格局，彰显鲜明的地域特色，常设展厅有通史陈列馆、苏作工艺馆、探索体验馆、国际合作馆和苏色生活馆。

楓橋

七年不到楓橋寺 客枕依然半夜鐘 風月未須輕感慨 巴山此去尚千重

陸游

何山

【山林概述】

何山，其地旧名鹤邑墟，原名鹤阜山。南朝时，齐国何求弃官隐居于此，后其弟何点也追随至此，死后葬于山中，此山遂改名何山。

何山位于苏州寒山寺西约2.5千米处，狮子山北侧，东北—西南走向，长约750米，海拔60.1米。山体由火山喷出岩构成，有铁矿点。

【历史人物】

何 求

何求，字子有。南朝宋庐江灊县（今安徽霍山）人。刘宋中书令何尚之孙。官太子洗马等。与其弟点、胤均为当时知名学者。兄弟三人皆终生从事于教授生徒和学术研究。曾隐居南涧寺、虎丘、鹤阜山等地。

何山鸟瞰

何 点

何点，字子晳。南朝梁庐江灊县（今安徽霍山）人。何求弟。绝婚娶、宦途而隐逸，号游侠处士。博览群书，精通儒学，宋、齐、梁三朝相继征为太子洗马等，均辞之。信佛学，好文学，与孔稚珪、张融等为莫逆友，曾识拔丘迟、江淹。与兄求、弟胤皆为当世名隐，人称"何氏三高"。曾隐居何山。《南齐书》有传。

【历史遗迹】

何山春秋墓葬

1980年7月，枫桥水泥厂在何山东麓取土时，挖出一批青铜器和陶器。墓穴已被破坏，吴县文管会在现场征集到一批出土文物，主要有青铜鼎、盉、匜、簠、缶、盘、戈、矛、镰，以及硬陶罐、原始瓷碗等。从所出土铜器的器形、纹饰风格判断，该墓的时代为春秋晚期。

何山道院

何山南坡原有资福寺，始建于梁天监年间，后改为太平庵。明初改为何山庙，祀张士诚。20世纪60年代中期拆除。1997年改名为张王庙。2009年，更名为何山道院，并实施扩建修复，2012年建成。

摩崖石刻

李根源于1929年题"齐太子洗马何求何点葬此"刻石，今仍存山上。

青铜簋（出土于何山、现藏吴文化博物馆）

何山摩崖石刻

【出土文物】

楚途盉

1980年7月，出土于何山东周墓中。这件青铜器是楚国的酒器，主要是盛酒、调酒用的，这件铜器非常珍贵，上面有八字铭文：楚叔之孙途为之盉。这件盉下面是三个蹄足，上面是扁扁的一个壶体，盘盖上有环钮，壶的嘴做成龙头形，有卷卷的龙尾，壶体主要装饰的是云雷纹，还有就是蟠螭纹，这些纹饰都体现了楚文化的特点。

楚途盉（出土于何山，现藏吴文化博物馆）

【历代诗文】

何山

明　皇甫汸

招隐推名岳，栖灵俨故丘。
人奄随露尽，居尚有云浮。
月寂台难旦，松深寺易秋。
入林怀二凤，遵渚愧双鸥。
嵇夜杯应化，徐君剑若留。
还疑采薇路，魂魄一来游。

崇祯《吴县志》

过何山资福禅院

清　徐崧

尽说何山寺，谁知资福门？
残僧多菜色，古路入云根。
瓦砾香台圮，藤萝乱木昏。
双碑犹在壁，风雨剥苔痕。

《百城烟水》

【公共设施】

中共苏州市委党校

中共苏州市委党校坐落在苏州高新区何山南麓，建筑面积5万平方米。拥有现代化的教学楼、图书信息中心、多媒体教室、学员住宿楼等建筑，建有体现党校姓党特色的苏州党建展示馆、苏州"三大法宝"馆、党性实训室、廉政实训室等教学基地。

何山烈士陵园

1949年4月，解放军原华东第3野战军85师渡江后集结于枫桥开山村，继而向铁铃关国民党守军发起进攻，拉开了解放苏州、上海之战的序幕。为纪念此役阵亡战士，当时在何山立革命烈士之墓碑。1999年，为纪念苏州解放50周年，苏州高新区在何山公园内重建革命烈士陵园，并将分散在何山公园内其他烈士墓一起安放在烈士陵园内，供后人瞻仰凭吊。

何山公园

何山公园于1991年建成，占地面积0.29平方千米，绿化面积90%以上，已形成桂花林、香樟园、栗树坡、杨梅林、梅花坞、江南竹林等颇具规模的绿化区。园内有自然鸟类上百种，生态环境一流。

新区公园

支硎山

【山林概述】

　　支硎山为吴中西部第一屏障,在苏州寒山寺西约 6 000 米处,长约 1 900 米,海拔 148.5 米。山体由花岗岩构成。

　　支硎之名,支字指开山之祖支遁,硎字意为山有平石。

　　此山因有梁武帝报恩寺,又称报恩山。山东侧有观音寺,亦称观音山。

支硎山鸟瞰

谢宴岭,又称谢月岭、斜堰岭、斜月岭,属于支硎山北段余脉,在高景山南侧。

小禹山,俗称肚皮山,又名大别山,位于支硎山北峰正东,枫桥支英村内,海拔44.8米,山体由花岗岩构成。

【历史人物】

支 遁

支遁(314—366),字道林,世称支公。俗姓关。东晋陈留(今河南开封)人,或说河东林虑(今河南林州)人。初隐余杭山,曾居此,山遂因人而得名支硎山。晋哀帝时应诏进京,居东安寺讲道,三年后卒。著有《即色游玄论》等,提出"即色本空"思想,创立般若学即色义,为当时般若学即色宗的代表人物。

杨循吉

杨循吉(1458—1546),字君谦,号南峰。明吴县(今江苏苏州)人。进士。授礼部主事,因病致仕。曾结庐支硎山,故又号支硎山人。武宗南巡至南京,召赋《打虎曲》称旨,以俳优待之,耻而辞归。著有《松筹堂集》及杂著多种。

苍 雪

苍雪(1588—1656),俗姓赵,名读彻,字见晓,后改名苍雪,号南来。云南呈贡人。于昆明妙湛寺出家。尝宣讲贤首法藏。著作不辍,于《楞严》《唯识》《法华》《三论》诸经论亦有深入。博学多闻,善画,尤工于诗,著有《南来堂集》等。王渔洋誉其为"明代三百年第一诗僧"。卒葬于山中,今墓尚存遗迹。

【历史遗迹】

中峰寺等

支硎山支陇有中峰、南峰、北峰。中峰最著名。中峰在寒泉上,稍西有鹤饮泉、唱狮窝、马迹石,又西南为放鹤亭。南峰的南坡上有一石门,由三块天然巨石构成,为吴中山体所罕见。南峰有南池,也称八隅泉,其旁寺内有铁杖、铁灯笼等。北峰多石壁,据史料载,这里是支遁的蜕骨处,有古塔,上刻永和年号,并有双松亭。

支硎山最著名的寺院有中峰寺、观音寺等。此外还有善英庵、法音庵、来鹤庵、南峰寺、北峰寺等各色禅院,一峰数寺,古刹林立。

中峰寺位于支硎山中部,最早是东晋高僧支遁的别庵。唐代曾改名为支硎山寺、报恩寺等。北宋后又改名天峰院、中峰禅寺等。明代弘治、正德年间,中峰寺破败,地基归宰相王鏊。天启年间,王鏊玄孙永思留下遗嘱,归中峰寺于僧界,该寺得以重生。崇祯己巳年(1629)正月,住持释明河与读彻立《重复晋支公中峰禅院记》碑,碑为文震孟撰,文从简书,赵宧光篆额。民国时期李根源曾来访,中峰寺只剩一个寺基。1921年民国劝业银行钱币的中心图案即为"支硎古刹"中峰寺。1994年，苏州市佛教协会申请政府批准，决定重建中峰禅院，古寺的修复一直延续至今。

观音寺位于支硎山下，隋唐时道遵和尚在此辟经院，置道场传教弟子。唐景龙年间在山麓兴建楞伽寺，后称观音寺。明天启年间，雨一法师施为净室，门人汰如、苍雪等在此开《华严》讲席，故又称中峰讲院，遂为江南著名佛教讲经院。清康熙十五年（1676）重葺，改名观音禅院，规模宏大，为当时全国少有的观音院之一。

摩崖石刻

文人墨客在支硎山还留下了不少石刻文字，除了碑塔匾额，还有许多历史遗迹，如观音寺旁石上刻宋代虞廷臣书"寒泉"二字，字径丈余，今不存。李根源游支硎山

支硎山摩崖石刻

等吴郡西部诸山,撰《吴郡西山访古记》。支硎山中峰寺北侧山体直径5米左右的巨石上,刻有李根源所书"南来堂"大字。中峰寺后山上,刻有吴荫培的"苍公遗蜕"题字及李根源的题记。

放鹤亭等

支硎山为佛教名山,起自东晋开山祖师支遁,迄今1 600多年。山中原有放鹤亭、白马涧、鹤饮泉、唱狮窝、马迹石、石室、寒泉等,皆支遁遗迹。

从东晋起,好几代大德高僧入支硎山住持,名贤高士、骚人墨客往来频繁。唐代苏州刺史白居易、刘禹锡等来游,并有诗咏之。皮日休、陆龟蒙联吟于南峰寺。至明清两代,支硎山声名赫赫,不仅香火繁盛,更是文士悠游必到之所。明代杨循吉30岁时便从礼部主事任上退隐于南峰,室号"南峰隐居"。沈周在此遇之,画《支硎遇友图卷》。吴宽由文徵明陪同游支硎山,访隐士陆子静,作《仿黄公望溪阁闲居图》。画家陆治,原是西山人,长期住在支硎山东麓的垫桥。当时的文坛领袖王世贞曾从太仓到支硎山访他。赵宧光隐居在支硎山、寒山一带,留下了很多诗文和石刻文字,死后葬于支硎山。明代万历年间,大德高僧苍雪从福建来此,励精图治,佛事中兴,有南来堂、宝月堂、覃思室、冬青轩、水明楼、未明楼、放鹤亭、方池诸胜。他当年住持支硎寺,专讲《华严大疏》,使支硎山的佛学又形成了一个高潮。

支硎山名人墓群

章焕墓,位于支硎山南峰东坡,由墓穴、墓道组成,有石人、石马、石虎、石羊等石刻构件。1986年被认定苏州市文物保护单位。

根据记载,支硎山原有宋代朱长文墓、明代王穉登墓、近代吴大澂墓等,因历年采石,墓址均已无考。

陆治《支硎山册页》

【历代诗文】

失题诗
东晋 支遁

石室可蔽身,寒泉濯温手。

崇祯《吴县志》

报恩寺
唐 白居易

好是清凉地,都无系绊身。
晚晴宜野寺,秋景属闲人。
净石堪敷坐,寒泉可濯巾。
自惭衰鬓上,犹带郡庭尘。

正德《姑苏志》

题报恩寺
唐 刘禹锡

云外支硎寺,名声敌虎邱。
石文留马迹,峰势耸牛头。
泉眼潜通海,松门顶带秋。
迟回好风景,王谢旧曾游。

乾隆《苏州府志》

宿支硎寺上房
唐 皎然

上方精舍远,共宿白云端。
寂寞千峰夜,萧条万木寒。
山光霜下见,松色月中看。
却与西林别,归心即欲阑。

《杼山集》

放鹤亭
宋 范成大

石门关外古亭基,树老藤枯野径微。
放鹤道人今不见,故应人与鹤俱飞。

正德《姑苏志》

沈周《支硎遇友图卷》

支遁庵

明　高启

闲登待月岭，远扣栖云关。

石室闭千载，高僧犹未还。

残灯黄叶下，古座青苔间。

不见跏趺影，鹤鸣空此山。

正德《姑苏志》

支硎山麓逢杨君谦

明　沈周

林蹊相值夕阳边，迹似无官意有仙。

高笠冒云宜我画，小词磨石信僧镌。

山逢佳处肩迟轿，眼落闲时袖出编。

随后担夫亦殊俗，花筐酒榼两头县。

《姑苏采风类记》

支硎山

清　爱新觉罗·玄烨

龙池东北古支硎，石室寒泉句可听。

想得雨余悬瀑布，飞流界破数峰青。

道光《苏州府志》

谢宴岭禅室

清　陈炳

给孤境僻寂，群岫绕松扉。

雨意含林壑，诗情在翠微。

山深得鸟性，潭静悦禅机。
从此迷方客，闲心有所归。

《阳山诗集》

度谢宴岭至龙池

清　陈炳

舍舟上修岭，越岭下山脚。
面面青芙蓉，诸峰环巨壑。
曲折路屡迷，水石纷相错。
神龙去何时，碧潭在丛薄。
逶迤转灵境，庶遂幽寻诺。
苍壁翳鲜霞，幽岩笑丹萼。
跂足长林闲，樵人共盘礴。

《阳山诗集》

观支硎山香市记（节选）

清　袁学澜

　　吴县支硎山，去郡城二十五里，晋高士支遁所游憩。石室苔斑，寒泉清冽，厥迹犹存。山麓报恩寺，奉观世音尊像。每春时，吴中士女焚香顶礼，群焉投最。距金阊门外，骎马一鞭，趋砖甓甬道，连犿绵亘二十余里，路尽而山寺造焉。己酉春日，余游光福邓尉还，舣舟窄崿山后小村，其地名店街，适临跸路，砥平绳直，香市取道所由。于时夕阳在山，篯舆全集，流苏九华，宝妆五钿，扬葐布蒱，与韶光争媚。画船六柱，箫管迭奏。则有红袴稚儿、青裙游女，肩负花枝，随风弱步。富豪侠少，宝骑珊鞭，结队闲行，翱翔容与。其间名蓝精舍、神丛庵庐，若何亭来鹤、吾与无隐，并饶乔柯美竹、清池果园、曲房幽榭、盆山苍翠。经寮禅榻，耽玩而世虑可忘。蔬柈茗瓯，稍饮饕食。游履小顿，叱嗟而供具立办。道旁柳阴鸟唤，提壶酒人扶醉，呼侪袒臂。复有货郎地摊，童孺戏其筇篮木盏、泥孩竹马、地铃丝鹞、蚕帘柳棬诸物，男妇争买，论价聒杂，声如潮沸。路侧杂厕茶篷、酒肆、饼炉、香铺，赶趁春场，蜂屯蚁聚。老僧因果，瞽者说书，立者林列，行者摩肩，遗簪堕珥，睹不暇拾。笼袖骄民，莺抄燕掠，奔凑若织。日暮霞生，归者纷沓。闺房淑秀，帏幕尽开，婢媵后随，山花插髻，芳草绿缛，软衬双趺，臻臻簇簇，联络十里，笑语盈路，众情熙熙，无不各遂其乐，亦不自知其何以乐也。左带鹤阜，右望狮山。畦菜布金，篱桃舒糯。香风袭袂，游丝横陌。树树争妍，花花献笑。披襟骋目，人意融融。紫翠溟蒙，云烟万状，俨然一副江南春景图矣。

《吴郡岁华纪丽》

【传统节庆】

观音香市

农历二月十九日为观音诞生日,信众们到观音山烧香,或施舍长明灯油祈福。尤其是观音山有转藏殿,据说送子观音灵验。观音山僧尼在此日建观音会,道场供奉各式香花。进香女子从二月初一开始吃斋,到二月十九日方止。此俗称"观音香市",

支硎山

山下形成观音街。人多赁坐竹舆，资以代步，不帷不盖，两人肩之以行，俗呼观音轿子。观音山轿子，已经成为一道亮丽的风景，还由此形成了苏州的一句名谚："观音山轿子——人抬人。"

【民间传说】

谢宴岭的由来

据说，越王勾践被俘后，为避吴王的视线，贿赂吴国太宰伯嚭，得以在姑苏城东的白马涧为吴王养马。勾践在熬到被放归越国的那一天，在白马涧一座平坦的小山岭设宴答谢乡里父老，老百姓很感动，为了让子孙后代记住这件事，把这座小山岭起名为"谢宴岭"。

据考，吴王在贺九岭宴请群臣，群臣在此谢宴，故称谢宴岭。

高景山

【山林概述】

　　高景山，又称高颈山，位于支硎山北侧，海拔106.2米。大禹山、小禹山为其支脉。高景山有萤石矿点。雍正间巡抚张错令石工采石，山多残毁，后郡人请于巡抚许容勒石永禁开采。然而采石并未真正禁止，此后至20世纪，山体因采石、筑路而多毁，今仅存北部残丘。

大禹山，在支硎山与高景山之间，其南为支硎山，以颜家坞为界。山体由花岗岩构成，南北走向，长 900 米，海拔 142 米。2003 年，华山路劈山而过，山体中断。

【历史遗迹】

城隍庙

山顶原有清乾隆二年（1737）所建城隍庙，1950 年后被毁。

高景山鸟瞰

【历史人物】

魏了翁

魏了翁（1178—1237），字华父，号鹤山。北宋邛州蒲江县（今属四川）人。进士。因父亡，辞官守孝，筑室白鹤山下，开门授徒，人称鹤山先生。官至资政殿大学士。反对佛、老"无欲"之说，著有《鹤山全集》等。卒葬吴郡高景山金盆坞。清雍正二年（1724）魏了翁配享孔庙。

【历史遗迹】

茶店头遗址

茶店头遗址分布于茶店头村西、高景山东北的东西长约200米的范围内。1985年5月初由吴县文管会发现。在调查中，采集到很多陶器残片和少量石器。石器有打制粗糙但刃口磨光的石斧、通体磨光的石镰。陶片有夹砂硬陶、印纹硬陶、泥质陶等，表面拍印各种纹饰，能辨出的器形有田底内凹罐、喇叭形圈足豆等。根据出土遗物的质地、纹饰等特点分析，该遗址与上海马桥遗址具有相同文化特征，为进一步探索太湖流域新石器时代至商周时期的文化提供了新的线索。1986年被认定为吴县文物保护单位。1996年被认定苏州市文物保护单位。

白鹤寺

高景山古有城隍庙，始建于何年不详，后因开山采石，连庙址基础也铲除了。80年代民间香客擅自在山的东北方半山坡搭起简陋的庙房，至2000年依然又建起了6间庙房，以供香火。2006年，苏州高新区佛教协会决定将原在白鹤峰的白鹤寺，移建于高景山。

魏了翁墓

高景山西麓，崖谷盘拱，叫金盆坞。魏了翁墓就在这里。

魏了翁生前因病到苏州就医，在甫里筑罗隐庵为别业。魏了翁病逝后，宋理宗接到其遗奏，十分悲悼，辍朝哀悼，追赠其为太师，赐谥号文靖，后累赠爵位，又诏赐第宅于苏州南宫坊（今书院巷）。高景山金盆坞魏了翁墓，原规模宏大，有神道、神道碑（史绳祖撰）、石牌坊。后屡经毁修。清咸丰元年（1851），江苏布政使倪良用曾为魏墓补立七尺墓碑，上刻"先儒宋资政殿大学士参知政事赠太师秦国公谥文靖魏公了翁墓"。后毁。辛亥革命后，吴中保墓会吴荫培重立"宋魏文靖公了翁墓"石碣。"文革"期间，墓碣荡然无存。1984年文物普查时，吴县文管会在金盆坞一小山包前发现魏了翁的圹志，湮没已久的魏墓复现。1960年，被认定为吴县文物保护单位。1996年3月，被认定为苏州市文物保护单位。

影青狮象烛台（出土于高景山，现藏吴文化博物馆）

元代墓葬

  高景山还有一座很具考古价值的元代墓葬。1984年，村民在东坡取土时，挖出了一座古墓，吴县文管会进行了抢救性清理。这是一座平面为圆形的穹顶青石结构墓，出土器物主要有石佛像、石佛座、青瓷神兽香熏、青瓷花瓶、青瓷碗、盆、釉陶钵、青瓷香炉、砚台、铜镜等。从出土器物的造型、风格以及墓葬结构分析，为元代墓葬。其中两只青瓷狮形神兽香熏，做工精巧，釉色莹润，为国家一级文物，现由苏州吴文化博物馆珍藏。

【历代诗文】

自天平岭过高景庵

宋　范成大

卓笔峰前树作团，天平岭上石成关。
绿阴匝地无人过，落日秋蝉满四山。

《石湖居士诗集》

高景山夜归

宋　范成大

伊轧篮舆草露间，夜凉月暗走孱颜。
忽逢陂水明如镜，照见沉沉倒景山。

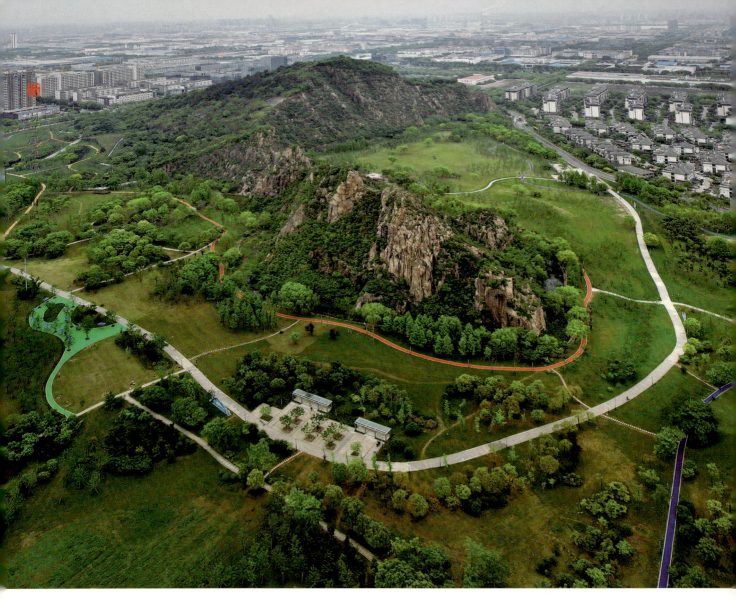

高景山公园

【公共设施】

高景山公园

　　高景山公园北至马涧路，南至华山路，西至茅山路，东至规划河道，包括高景山周边林地及白鹤寺区域共计约42.7万平方米，包括活力运动区、休闲娱乐区、山林郊游区和文化体验区等四大功能片区，是集生态景观、文化交流、运动休闲等功能于一体的社区综合山林公园。

鹿山

【山林概述】

鹿山,相传当年吴王在这里养鹿,故名。鹿山在一大片山峦中,离灵岩山行宫娃宫不远,是吴王狩猎所在。2005年版《枫桥镇志》则称,鹿山因山形似鹿,故名。鹿山位于高新区浒墅关、枫桥和吴中区藏书三地交界处,山之东属枫桥街道建新村,西南属藏书篁村,西北属浒墅关镇新民村。山体北东走向,长约2千米,为相连的两座山丘,大者称大鹿山,海拔169.3米。西侧小者称小鹿山,亦称庙山,海拔85米。山体由花岗岩构成。

贺九岭,是鹿山侧岭,位于苏州市吴中区天池山与鹿山之间的谷口处。贺九岭东侧归苏州高新区管辖,西侧归吴中区管辖。

王宴岭,又称皇宴岭,是鹿山北侧余脉,高53.9米。20世纪八九十年代开山采石,使其南北皆断,已成孤岭,留下约0.16平方千米的荒谷。岭东岩石裸露,仅留石壁。岭西有小树林,并有垒石,其最高处亦成石壁。岭下有皇宴岭村。

鹿山兰风寺

【历史人物】

董　说

　　董说（1620—1686），字若雨，号西庵，又号鹧鸪生、漏霜。乌程（今浙江湖州）人。小说家。世代显贵，至其父时已趋衰落。明亡后，隐居鹿山，筑丰草庵，改姓林，名蹇，字远游，号南村，又名林胡子，并自称槁木林，时已有六子。中年出家苏州灵岩寺为僧，法名南潜，字月涵，一作月岩。著有《西游补》《七国考》。

【历史遗迹】

兰风寺

　　阳抱山之麓原有景福庵，因明万历间兰风禅师圆寂后葬此，故又名兰风塔院。2000年，在鹿山北麓重建，后名曰兰风寺。

蕉盖庵

　　鹿山山坞原有蕉盖庵，又名鹿山庵，始建于明初，清康熙十五年（1676）僧高云重建，内有康熙所书"香域"二字。20世纪50年代末，庵被拆除。90年代，香客搭建简陋庵房。

【历代诗文】

阳　山
元　顾阿瑛

山下花开一色红，花下千头鹿养茸。

衔花日献黄面老，挟群时入青莲宫。

乾隆《苏州府志》

晚过王宴岭
明　郭谏臣

山行逾数里，一岭界天高。

叠嶂全封藓，丛林半是蒿。

云归迷鸟道，风起沸松涛。

向晚回孤棹，行厨进浊醪。

《鲲溟先生诗集》

【历史遗迹】

摩崖石刻

1929年，李根源来访贺九岭，有题记刻石："志载吴王登此贺重九，故以名岭云。腾冲李根源游山临此，住持道人蔡雍属书摩崖。民国十八年。"此外，贺九岭还留有众多历史遗迹。

贺九岭石关

民国时，贺九岭香期，乡人在贺九、象岭间演戏，观者四五千人。

贺九岭是旧时的交通要道。至今留有两道石关。石关建筑结构均为拱券式石门，与苏南石拱桥相类。据券石铭文，石关建于明隆庆年间，是苏州珍贵的古代建筑遗存。1986年被列为吴县文物保护单位，后被列为苏州市文物保护单位。清代为迎接皇帝南巡，在两石关之间铺砌人字形砖道，人称御道。

贺九道院等

贺九岭原有寺在岭南，明正统二年（1437）僧立传建，万历间太监孙隆重修。贺九道院，又称普济道院，内有玉皇阁、观音、关圣、玄武诸殿，毁于"文革"。后经各方努力，重建贺九岭新道观。

贺九岭摩崖石刻

贺九岭石关

【民间传说】

贺九岭的由来

据传说，贺九岭是当年吴王与众臣贺重九之处。重九，即农历九月九日，又称重阳。

能动的石鱼

据载，贺九岭有"天养人"三大字。有泉，最清冽。泉畔有石盘，盘有石鱼二，相传得水能动。昔有人于黎明时凿取其一，适真武殿僧出见，不及再取，遂毁其首而去。

王宴岭的由来

相传，吴王夫差伐齐，在此大宴将士，故名王宴岭。

团山

【山林概述】

团山，因山形似团鱼（即甲鱼），亦名团鱼山。位于白鹤山东北侧，苏州高新区枫桥街道朝红村与浒墅关经开区石林村交界处，山体垂直投影面积0.37平方千米，海拔44.6米。树种结构为阔叶混交林。主要树种为松树、柏树、杉树等。

【历史遗迹】

团山寺

团山南麓有团山寺，"文革"期间遭到严重破坏，寺院荡然无存。改革开放以后，宗教政策得到了落实，当地村民自发筹集资金重建殿堂庙宇，于1994年动工重建，1996年落成，现为中峰寺下院。

团山鸟瞰

白鹤山

【山林概述】

　　白鹤山，又名白龙山。一说为白鹤栖息地，一说山的形势似鹤，故名。位于浒墅关经济技术开发区和枫桥街道交界处，白鹤山东为枫桥街道朝红村，西南、西北分别为浒墅关镇新民村和石林村。南北长 2.2 千米，东西宽 1.8 千米。主峰白鹤山海拔 88.9 米。山体由花岗岩构成。树种结构为针阔混交林，以松树、柏树、杉木等为主。

白鹤山鸟瞰

【历史遗迹】

觉海寺

白鹤山南坡原有觉海寺。寺建于清代同治二年（1863），今已不存。

天主教墓群

清康熙十九年（1680），天主教苏州教会在白鹤山买1万平方米山地建教徒墓地。白鹤山从此成为信奉天主教渔民教徒的丛葬地。山顶有青石石碑，为清同治十三年（1874）圣教修士沈公墓碑。

白鹤山天主教墓古碑（局部）

南爪山和北爪山

【山林概述】

因形同白鹤的双爪，所以根据其位置，分别叫南爪山和北爪山。

南爪山位于白鹤山主峰北 0.65 千米处，海拔 23.6 米。北爪山位于白鹤山主峰北 1.1 千米处，海拔 33.3 米。南北爪山面积均为 66 670 平方米。

北爪山砖窑遗址

北爪山鸟瞰

【历史遗迹】

北爪山庙

北爪山现有土庙,尚有零星香火。庙内有一清代雍正九年(1731)五月立的《奉宪永禁开采爪山碑》,碑身高2米,宽1.5米,文字依稀可读。

奉宪永禁开采爪山碑

許市閒眺

許市人家遠樹崕岇唐竺山色夕
陽返石搭分水入到港菻屋重櫩
何釣船橈萬里社將近許市見唐竺
朱子董公塓眺　　　　　陸儼

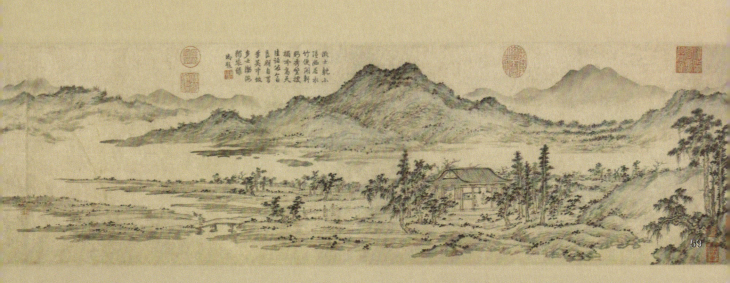

阳山

【山林概述】

　　阳山，又名大阳山、秦余杭山、四飞山、羊山、万安山。位于苏州高新区区域中心，南北走向，长 5.7 千米，宽 1.5 千米，北部最宽处约 3 千米，海拔 338.2 米。阳山南、北、中山峰俱高，山坞众多，山体南端为砂页岩，中部为石英砂岩，北部为火山岩。据史书记载，阳山有十五峰、六山岭、四坞四岩、七泉三涧之说。以阳山为基点，它的周围有较多的单体断脉山。

【历史人物】

夫 差

　　夫差，姬姓，名夫差，春秋时期吴国末代国君，吴王阖闾之子。公元前495年—前473年在位，共23年。继位后，立志伐越报仇。次年，败越于夫椒（今属江苏苏州），攻破越都会稽（今浙江绍兴），越王勾践降服。夫差骄傲自满，开凿邗沟，图谋北上争霸。不听伍子胥谏阻，一再伐齐。公元前482年，会诸侯于黄池（今属河南封丘），越乘虚攻吴。公元前473年，越灭吴，夫差兵败出逃至秦余杭山（即阳山），被越兵包围。夫差绝望中伏剑自刎于阳山南一里干隧之地。后被葬于阳山卑犹处。

阳山鸟瞰

谢 涛

谢涛（960—1034），宋富阳（今属浙江）人，本姓姜，字济之。梅尧臣岳父。淳化进士。以梓州榷盐院判官迁观察推官，权知华阳。后出知曹州，斩恶人赵谏。谢涛为官诚意坦然，讼息刑清，吏安其职，民安其业。后历任曹州知州等职，迁太子宾客，故称"谢宾客"。葬于富阳，赠礼部尚书。少学《左氏春秋》，曾讲学于阳山澄照寺，就是现在的白龙寺。游学苏州时，试写表章颂扬赵匡胤等统一中国功绩，大受吴中文士钦服，因此名扬江南。喜诗词，曾与欧阳修、范仲淹相唱和。

岳 岱

岳岱（约1497—1562），明长洲（江苏苏州）人，字东伯，别号秦余山人。中年时出游恒岱诸岳，泛大江，游天台雁荡、武夷、匡庐后而返，有"吴中霞客"之誉。明嘉靖九年（1530）春，辟草堂于阳山白龙坞。草堂花木翳然，修竹万挺，并有"兰花笋园"结隐其中。岳岱隐居于此精心纂辑《阳山志》。岳岱能诗，诗笔灿然，《咏怀诗》九十六篇为时所称；亦能画，画山水仿王蒙，又有黄公望笔趣。工花竹，善写生，画作有《朱竹图》《寒林峻岭图》等。另辑有《漳余子集》、采时人文编撰《雨瑶华集》《诸家小说》等。此外，还著有《小阳山记并诗》《山居稿》等。

徐 枋

徐枋（1622—1694），明末清初书画家，字昭法，号俟斋、秦余山人，长洲（今江苏苏州）人。明殉节官员徐汧之子。明崇祯间举人。明亡隐居。清顺治十六年（1659）师高僧弘储学佛。清康熙二年（1663）筑涧上草堂，自称孤哀子。以气节与杨无咎、朱用纯并称"吴中三高士"，又与沈寿民、巢鸣盛合称"海内三遗民"。入祀吴郡名贤祠。书善行草，山水宗董源、巨然，卖画自给，例不书款。著有《二十一史文汇》《通鉴纪事汇聚》《居易堂集》《读史稗语》等。徐枋隐居阳山期间，为阳山画过一幅山水画，题名《余杭胜迹图》，图中重岩叠嶂，高树耸云，昔日阳山的雄姿尽显纸上。

【历史遗迹】

阳山寺庙群

阳山自古为佛门圣地，寺庙林立，梵呗声传，被誉为吴中普陀。著名的寺庙有文殊寺、白龙寺、凤凰寺。文殊寺始建于东晋年间，为高僧支遁驻锡江南开创，是苏州地区历史最古老的寺庙之一。白龙寺，建于东晋隆安年间，又名白龙庙、灵济庙。据说在白龙庙求雨十分灵验，南宋建炎年间，地方官员奏请朝廷敕建灵济庙。乾道四年（1168）奏封龙母为"显应夫人"。凤凰寺，一名半山寺。寺建于明宣德年间，位于阳山东凤凰峰，其地势犹如凤凰之形，故得名凤凰台。

阳山摩崖石刻

摩崖石刻

阳山摩崖石刻群位于阳山文殊岩，主要为明清至民国时期的王鏊、顾元庆、李根源等人游历阳山的题刻。

吴一鹏墓

吴一鹏（1460—1542），明长洲（今江苏苏州）人，字南夫，号白楼。出身贫寒，自小发奋读书，明成化二十二年（1486）考中举人。弘治六年（1493）又考中进士。历任翰林院编修、南京刑部广东司员外郎、南京礼部祠祭司郎中、侍讲学士、南京国子祭酒、南京太常卿、礼部右侍郎、礼部尚书兼翰林学士，在南京吏部尚书任上致仕。卒葬于阳山南麓，其位置在现大阳山国家森林公园菖蒲茶庄南。文徵明为其作墓志铭。墓"文革"遭毁。吴一鹏被人们称为吴阁老。2012年，大阳山国家森林公园特地在吴一鹏的安息处建起了一座石亭，取名阁老亭。

夫差亭

阳山是演绎吴越春秋的最后落幕处。据史书记载，吴王夫差同越军交战失败，逃到阳山，最后自刎于阳山西南一里一个名叫干隧的地方。为纪念吴国最后一代吴王夫差，现在大阳山国家森林公园植物园景区内建有夫差亭。

浴日亭

浴日亭最早修建于明代,由徐少泉修建。修建浴日亭,主要是为观赏箭阙之胜。据清代大诗人袁学澜记载,每逢农历九月三十日凌晨五点,在这里可看到日月同升的天下奇观。

秦余积雪

为浒墅关地区的八景之一。阳山山体较高,山上气温低于山下,冬天下雪后山上积雪很厚。雪停后,它的融化速度远低于山下。雪后初晴,阳光照射在山腰,往往山下雪已融化,而山顶依旧白雪皑皑。每至冬雪初霁、日出东方之际,看阳山积雪,别有一番情趣。现山顶建有秦余积雪亭。

阳山草堂

明代嘉靖年间,文士岳岱在阳山西白龙坞开辟草堂,结庐隐居,并于此撰写成《阳山志》三卷,分为山势、泉石、台洞岩壁、古迹、寺庵庙、草木、药产、堂墅、饮食、诗文十个篇章,全面介绍了当时阳山的概貌。今草堂已复建于菖蒲泉南。

菖蒲潭

为明代阳山名泉。明末清初苏州名中医吴羲坤探访阳山菖蒲潭曾写诗赞叹。清末探花吴荫培曾踏勘阳山菖蒲潭,汲泉品茗,对菖蒲潭的景色及泉水念念不忘,亲自题写"菖蒲潭"三个大字并立碑在潭旁。今碑已毁。2012年,在菖蒲潭边新建了菖蒲茶庄。

唐寅《阳山积雪图》

【历代诗文】

宿仙泉寺

宋 王禹偁

祭庙回来略问禅,藓墙莎径碧山前。

风疏远磬秋开讲，水响盘车夜救田。
蓝绶有香花菡萏，竹窗无寐月婵娟。
自惭政术贻枯旱，忍卧松阴漱石泉。

乾隆《苏州府志》

龙母庙
宋 范成大

孝龙分职隶湘西，天许宁亲岁一归。
风雹春春损桃李，山中寒食尚冬衣。

《姑苏采风类记》

白莲堂
宋 范成大

古木参天护碧池，青钱弱叶战涟漪。
匆匆游子匆匆去，不见风清月冷时。

道光《浒墅关志》

文鄂住文殊寺
明 吴宽

文殊兰若今何在，说在阳山箭阙傍。
入定不知风雨过，白龙应向钵中藏。

《姑苏采风类记》

寄题阳山澄照寺
明 吴宽

令威禀仙骨，化鹤去辽东。
传闻有遗井，乃在青山中。
山深草木盛，苔径谁能穷？
爰有释氏子，于此构莲宫。
殿阁颇雄杰，林杪见青红。
高崖石色古，小洞云气通。
神龙室其地，上下雨兼风。
岁时郡长吏，祈祷屡年丰。
我昔过东麓，落日明丹枫。
所恨足力弱，徒然望巃嵷。
何时蹑其巅，历览无匆匆。

徐枋《余杭胜迹图》

回头发长叹，深愧南飞鸿。

《鲍翁家藏集》

望阳山
明　王鏊

青溪欲尽转逶迤，卧对阳山舟自移。
闻有高人何处在，白云红叶影离离。

《震泽先生集》

文殊寺
明　文徵明

遥披烟莽得旃檀，更觅精庐转翠岚。
一坞白云堪结夏，四山飞雨入凭阑。
晚飧清净松花供，春服廉纤麦秀寒。
竹色满窗留不得，怅然携客下方坛。

《甫田集》

题《余杭胜迹图》
明末清初　徐枋

阳山为一郡之镇，亦名秦余杭山，亦称四飞山。以其冈连岭属四面飞舞，故名。则其山之雄胜可知矣。吴中诸山多奇胜，然未有能匹秦余者。鸟道盘空而上，不啻数折至山之半，有神宇，复上几折，为支公道场古文殊寺。寺故与支硎、华山称鼎足者也。寺前有台卓立云际，其高不知几仞，为舍身崖。从崖迤左，过佛利，有天风台，两台相望，亦峭壁也。今称桂花台。台之内有地平衍，上即长云峰也。峰之下有池有泉，拔地数丈，阔百步，雄伟磅礴，俨如屏障，而磈砢崎嵬，上下参差，不可名状。石罅中多杂树，丹黄紫翠，四时不凋，以掩映于苍崖碧巘间，亦奇矣。

阳山观日出
清　袁学澜

阳山在府城西北三十里，一名秦余杭山，亦名万安山，即干隧，擒夫差处。又名四飞山，四面视之，势若飞动，为吴郡之镇，背阴面阳，故名阳山。高八百五十余丈，广二十余里，大峰十有五，而箭阙最高。相传秦皇射于此，故下有射渎。张大纯《姑苏采风类记》称"山顶有浴日亭，每年九月三十日，郡人登此，观日月同升，有云海之奇。客尝有作是游，为余道其状云"。箭缺壁立，对峙相去数武，夜半日出，适当其间。于时天鸡动唱，箕风息吹，疏星犹暧，朝光未通，俯视下方，混沌一气。山中忽吐白云，蓬勃扶摇而升，渐次弥满，络绎山谷，东奔西骤，若霓幢羽节为之前导者。久之，见东边深黑中，朱霞晃漾，方用凝注，俟又灭没。又久之，遐睇海门，景状渐异，俄而现白毫相，俄而现绀宝相，俄而现种种色妙衣相。徐乃血线殷起，金光万道，一喷一鲜，转瞬间如大赤盘，踊跃而出。俟有皓月一轮，如白玉盘，岌岌腾上，将及日轮。日轮俟落，月轮随落，日轮复上，月轮亦复上，一上一落如跳丸状，凡数十次。百宝冲融，蜿蜒荡漾，九光十色，莫可名象，所谓沐日浴月是也。既而砰然并落，云雾晦黑，经两三须臾，见旭影徐动，一轮俟升，闪闪岩阿，辉辉江介，笼连宇宙，纯是霞光，照耀乾坤，都成金气，而日已登于扶桑矣。此则银阙金庭，琪花瑶草，神仙楼观，如在阿堵间，令人神与天游，超然有御风骑气之思焉。又韦涟怀云："天平山顶莲花洞，是夜亦可观日月并出。"盖吴中去东海近，凡山之高者，皆可观日出也。

《吴郡岁华纪丽》

【民间传说】

三呼三应公孙圣

大阳山景区半山亭是为纪念春秋时期被吴王夫差冤杀的公孙圣建造的。亭柱上刻着一副对联："深宫解梦一时恨；空谷回音千古冤。"这副对联后面有一个故事。

公孙圣是春秋时期吴国的一个亭长，擅长解梦，为什么会被夫差冤杀呢？

话说吴王夫差准备攻打齐国，一日午睡，做了个怪梦。梦见进入了章明宫，看见有两只锅下面在烧火，上面却总不冒热气。两只黑狗在嚎叫，一只朝南，一只朝北。又有两把铁铧靠在宫墙上。还有浩浩荡荡的流水，越过了宫堂。前园生长着梧桐树，后房有锻工鼓风。

夫差醒了以后有点闷闷不乐，就找太宰伯嚭来解梦。伯嚭是个奸臣，拍马讨好是他的拿手好戏。他对夫差说："妙啊！这是大王出兵讨伐齐国吉祥的兆头，说明君王兴师讨伐齐国必定大胜。章的意思，是仁德到处传扬高张。明的意思，是攻破敌阵后武功显赫，名震天下。两口锅在蒸饭而没有冒气，是因为君王圣德高照，王气有余。两只黑狗在叫，说明周围的国家已经臣服。两把铁铧靠在宫墙上，说明农夫耕田。流水汤汤，越过宫堂，说明诸侯都来贡献，财富有余。前园横生梧桐，说明是音乐齐起，鼓舞升平。后房有锻工鼓风，说明宫女们喜悦愉快，琴瑟和谐。"

夫差听了太宰的一番恭维，非常高兴。但心里还是不够踏实，又把另一个大臣王孙骆招来给自己解梦，这位左司马大人没有太宰吹嘘拍马的口才，就把闻名吴国的解梦高手公孙圣推荐给吴王。

公孙圣来到夫差面前说："我不说，即使死了仍然可以保全我的名声。说了，一定会被劈成百段死在君王面前。但作为一个忠臣不能只考虑到自己的生死。我喜欢说实话，不顾惜自己的生命，希望君王好好地考虑一下。"于是，公孙圣针对夫差的梦中所见一一解答。"我听说章的意思，是战争不能取得胜利，败走逃跑；明的意思，是指舍弃光明走入黑暗。蒸而不见冒气，意味着难以吃到煮熟的食物。两只狗北嚎南吠，意味着人的灵魂一旦出窍难以寻找到今后的方向。两把铁铧靠在宫堂上，意味着越国将攻入吴国，从而捣毁吴王的宫室。看见流水越过宫墙，意味着王室庭院将成为一片废墟。前园横生梧桐，梧桐树是空心的，意味着不能制作器具，毫无用处。后房的锻工正在用尽自己的力气鼓风，实际上是从鼓风中听到的是人们长长的叹息声。希望大王按兵不动，与国修德。否则可能有不利。"

同样一个梦，由不同的人解说出来却是大相径庭，夫差听到公孙圣所言勃然大怒，命武士石番用铁杖当场击杀公孙圣。

公孙圣临死前仰天长叹说："老天知道我冤啊，直言正谏，身死无功。告诉我家人，不要安葬我，你们把我扔到山中，后世我一定要发出声音回应。"夫差命人将公孙圣的尸身扔到了秦余杭山里，也就是今天现在大家看到的阳山半山亭旁南侧的山涧里。

为了纪念这位直言劝谏的公孙先生，老百姓特意在他被夫差扔尸身的半山腰建了一个亭子。这就是半山亭的由来。

公孙圣被冤杀后，他的预言得到了证实。公元前473年，越王勾践率领军队攻打吴国，吴军大败，夫差带着群臣狼狈出逃，三天三夜，才跑到了姑苏城西北的阳山下。他心中忧急，腹中饥饿，口干唇燥，顾不得君王脸面，去田里采摘生稻直送口中生食，又伏在地上饮沟中生水。想起当年公孙圣的预言，夫差连呼三声，不想天空中公孙圣真的连应三声，夫差大惊。这时越兵已围了上来。夫差想求和，勾践不允，夫差只得拿起剑来，临死前长叹一声说道："我很惭愧，死后也愧对那些忠臣。希望在我脸上盖上三层厚的绸布，蒙上我的眼睛。"说完就自刎而死。

丁令威化鹤

丁令威，西汉辽东人。相传学道于灵虚山，后化鹤归辽。有少年欲射之，鹤徘徊空中自称丁令威，去家千岁而回。事见《搜神后记》。南北朝庾信、唐代李白等皆有诗叙其事。

【特产风物】

阳山茶叶

江苏大阳山国家森林公园内的多个基地种植了0.3平方千米茶树，主要分布在阳山东麓，得益于气候湿润、土地肥沃、林木茂盛、空气清新等得天独厚的自然环境，阳山出产优质的茶叶，主要出产茶叶品种有白龙茶（绿茶）、阳山碧螺春茶（碧螺春茶）、阳山红（工夫红茶）。2010年白龙茶系列茶叶注册了"吴地阳山"品牌商标。

白泥矿等

阳山中蕴藏着多种矿产，有铁矿、矾矿、白泥矿等，尤其是白泥矿，当时称白墡，又名白石脂，即高岭土，古时曾被作为贡品。

【公共设施】

江苏大阳山国家森林公园

2009年2月，江苏大阳山国家森林公园获得国家林业局批准成立。2016年10月，获批为国家AAAA级旅游景区，由大阳山景区、植物园景区组成。景区自然地理环境优越，人文历史底蕴丰厚，涵盖了生态自然、宗教文化、休闲度假和科普教育等多个方面，形成了完整的生态旅游休闲体系。

阳山湾度假酒店

2006年，在观山南麓建起了阳山湾度假酒店，2010年1月，更名为苏州大阳山商旅酒店。酒店总建筑面积3.8万平方米，有纯天然地质温泉、网球馆、体育中心、拓展基地、会议室、棋牌室及各类高档客房。酒店集休闲娱乐餐饮于一体，拥有各种风格的商务和标准客房。室内装饰高雅，宁静舒适。

苏州高新区国画院

2018年，苏州高新区国画院成立。国画院位于阳山南麓，总建筑面积约0.4万平方米，是集综合展览、书画创作、艺术交流等功能于一体的艺术空间载体。2023年3月，徐惠泉艺术空间在国画院东楼建成对外开放。

阳抱山

【山林概述】

　　阳抱山，又称宝山、南山、阳宝山、阳耙山。位于苏州高新区阳山西路西侧，原东渚东北部南山、宝山两村交界处。因其酷似抱在阳山怀里的一只小崽而得名，山体由石英斑岩构成，并有花岗斑石岩脉穿插。山体南北走向，长795米，海拔78.7米。山顶原有藏军洞，南北长10余米，底部宽1米，有南北两个出口，有大石覆盖其中。山中有萤石矿，曾被开采。

【历史人物】

鲁　肃

　　鲁肃（172—217），字子敬，临淮东城（今安徽定远东南）人。出身士族，生而失

阳抱山鸟瞰

父,与祖母居。家富于财,常发财货,以赈穷士,甚得乡邑欢心。他与周瑜交好,后来就率部属百余人随周瑜到江南。经周瑜推荐,在孙权初掌江东时,被聘为谋士,深受孙权敬重。鲁肃体貌魁奇,少有壮节,好为奇计。他来到孙权处,向孙权献出鼎足江东、徐图帝王大业之方略。建安十三年(208),曹操率大军南下,夺取荆州,威胁江东,欲一举灭吴。他和周瑜坚决主战,并建议联合刘备协力抗曹,被孙权采纳,任其为赞军校尉,助周瑜大破曹军于赤壁(今湖北蒲圻西北)。周瑜死后,他被任命为奋武校尉,代瑜领兵。旋任汉昌太守、偏将军。后从孙权破皖城,转横江将军。据嘉庆《吴门补乘》载,卒葬阳抱山。

陆　绩

陆绩(188—219),字公纪,东汉末吴郡吴县(今江苏苏州)人。孙权统事,辟为奏曹掾,敢直谏。出任郁林(今广西玉林)太守,加偏将军,后受命南征。他清正廉洁,通天文历算,精研《礼》《易》,作《浑天图》,注《京房易传》《扬子太玄经》《归藏》等,著有《周易日月变例》等。据道光《浒墅关志》载,卒葬阳抱山。

朱德润

朱德润(1294—1365),初名吉,字泽民,号睢阳山人。元代吴县(今江苏苏州)人,祖籍睢阳(今河南商丘)。延祐间由赵孟頫荐任应奉翰林文字、同知制诰兼国史院编修官,至治元年(1321)任征东行省儒学提举。至治二年(1322),受帝命主持金泥书写佛经。至治三年(1323),辞官归。至正十一年(1351)辟为江浙行省照磨,参议军事。次年起任江浙行省参谋官,摄知长兴。他行书师法赵孟頫,画工山水、人物,为文学名家,著有《存复斋文集》《存复斋续集》《古玉图》《画笔记行稿》等。据道光《浒墅关志》载卒葬阳抱山。

朱用纯

朱用纯(1627—1698),字致一,号柏庐。朱集璜子。明末清初昆山人。诸生。明朝亡,弃诸生,庐父墓守气节。清康熙时,被荐应博学鸿儒科,坚辞不就。他工楷书,治经学,有文誉,与杨无咎、徐枋并称"吴中三高士",卒后私谥孝定先生。他遵奉程朱理学,提倡知行并进,躬行实践,晚年著《辍讲语》反躬自省,所作《朱柏庐先生治家格言》被尊为治家之经,为童蒙必读课本,另著有《删补易经蒙引》《愧讷集》《毋欺录》《柏庐外集》《耻耕堂诗文集》《春秋五传酌解》《四书讲义》《困衡录》等。据道光《浒墅关志》载卒葬阳抱山。

【历史遗迹】

阳抱山古文化遗址

1983年3月,阳抱山发现古文化遗址。遗址分布在阳抱山南麓宽10米、长约

200米的范围内，总面积约2000平方米。文化层厚约80厘米，文化内涵丰富，采集到磨光石锛、刃口磨光的斜面石钺等石器和夹砂红陶罐、印纹硬陶罐、原始瓷等陶瓷的碎片。陶器的纹饰多为拍印纹，有云雷纹、弦纹、席纹、曲折纹、方格纹、叶脉纹，体现了西周至春秋时期的历史文化特征。1986年3月，宝山文化遗址被认定为苏州市文物保护单位。

铜弩机（出土于阳抱山，现藏吴文化博物馆）

吴国王陵区

2001年4月，苏州市测量绕城高速公路路址时，在阳抱山发现一座规模较大的墓葬。9月起，由苏州博物馆和吴中区文管会联合对墓葬进行发掘，出土大量文物。这是继苏州真山大墓之后发现的又一处吴国王室大墓，进一步表明在苏州古城西部山区存在吴国王陵区。

鲁肃墓和陆绩墓

据载，阳抱山有鲁肃墓和陆绩墓。鲁肃是三国时期吴国的重臣。陆绩曾为郁林太守，回吴地时因船轻不可越海，取当地郁林石压舱，人称其廉，把这块石头称为"廉石"。目前"廉石"在苏州文庙。

东晋古墓

1997年7月6日，开山采石时发现阳抱山西南麓三梓堂有东晋古墓，青砖结构，苏州博物馆与吴县文管会联合进行发掘，出土玉器、青瓷器、铜器、石器等文物22件。

朱氏家族墓葬群

志载，阳抱山有元代官镇东行省儒学提举朱德润墓，明代指挥佥事朱质墓，明末清初著名理学家、教学家朱用纯墓等家族墓葬群。1928年，李根源曾两次赴阳抱山访考朱氏祖墓，见彭定求撰墓志铭。现已无存。

佚园

清代蒋之逵，号云九，长洲（今江苏苏州）人，在阳抱山其生圹侧筑佚园，有门、有堂、有寝、有书室、有小阁。现已无存。

【出土文物】

青瓷羊尊

1991年，阳抱山出土了青瓷12件、铜器4件、玉石3件、铁器1件等一批文物。尤以青瓷器最著，釉色莹润、纹饰简朴、造型生动。其中，青瓷羊尊，作蹲伏状，体态健硕，双面前视，羊头中空，顶端有一插孔，

青瓷羊尊（出土于阳抱山，现藏吴文化博物馆）

可作插烛之用。现藏于苏州吴文化博物馆。

【历代诗文】

陆绩墓
明　王宾

寥落孤坟荒草深，一回行过一沉吟。

边头有土如栽橘，表见当年念母心。

《吴中古迹诗》

菖蒲泉在阳抱山鲁将军墓下
明　吴羲坤

曳杖来寻隐士家，泉香不减白龙茶。

一泓寒碧深山里，谁种菖蒲绕岸花？

《百城烟水》

同吴太玄吊鲁将军墓
明　陈大贲

独寻前代迹，凭吊复伤神。

花发何如古，碑横不记春。

涧边行蜥蜴，松下卧麒麟。

再拜将军墓，还期一荐莼。

《百城烟水》

入阳抱山访朱大理
明　皇甫汸

怜君谢朝寺，归守旧林丘。

芳树当轩植，清泉入户流。

焚车长自暇，学圃最宜秋。

却笑题门者，何须罗雀求？

《皇甫司勋集》

九日同友人登阳抱山次韵
明末清初　马荷

披衣散幽独，霁色满秋山。

良友如醇醴，相携发悴颜。

千峰来脚下，一径出人间。

茅屋藏红树，炊烟引望还。

道光《浒墅关志》

佚园记

清　徐乾学

吾姻家蒋君云九，筑生圹于阳抱山下，构别业于其左，有门、有堂、有寝、有书室、有小阁，翼以亭轩，花阑文砌，流水潋潋，时与客觞咏其中，而名之曰佚园。遂取以自号，用《庄子》"佚我以老"之语，谓我终老于斯也。予与何涵斋、韩慕庐、金醇还诸君访之，留饮二日，极畅。将别，曰："尔其为记之。"予惟《庄子·大宗师》篇语凡两见，大概以人生死、成败、得失，皆造化所为，其机密移，非知力所与能，人不当致爱恶于其间，而以我意解之。佚之与劳，相反之辞也。人生之劳与佚，其不可必者矣。而凡人莫不以劳为苦，以佚为乐，勿论贵贱穷通，自少至老，食茶茹苦，以薪快然自得之一日，比比皆是。顾其人生而多劳，或生而多佚，又至不齐之数也。其必先劳而后佚，既佚而不忘其劳，斯可谓之快然自得矣乎！君为兵宪雉园公之孙，赠文林郎雪园公之子，以嗣长房为宗子。奉事孀母，养生送死，竭尽孝道，于诸父兄弟无间言。少游胶庠有声，交四方名士，缓急无所靳。又善治生，所受产本薄，事亲交友，读书之暇，即饬定家业。门屏内外，事事有纲纪。囊箧细碎，简括无漏。及于壮岁所积，比分资赢数倍。于是立宗祠，置家塾，鸠宗睦族，百事振举。有子六人，并醇谨能持门户。君当除县令，弗肯投牒，一意督课诸子。长君擢科候补部主事，五郎方与计偕，奕奕竞爽。凡君所为，早夜勤劬，以及训迪，诸子成立者，不可谓不劳也。及今头发皓皓，而后以佚老自称，年已将六十矣。君精明强健，治家如治国，夫岂不知晏安之为酖毒，敢一日而忽诸？特以为四时有序，吾血气渐衰，志虑日消，不得不佚尔。君岂恣睢自放者哉？惟不惜其劳，而克享其佚，此之谓佚也已。昔司空表圣居王官谷，遇胜日，引客坐生圹中，赋诗酌酒裵回。客或难之曰：君何不广邪？生死一致，吾宁暂游此中哉？表圣气节凛凛，与秋霜并严，非颓然自废者。其达生高致，何与君相类也？予故诠次《南华》语义，并引司空侍郎事，以志君本末，君其谓之何？

同治《苏州府志》

象山

【山林概述】

象山，极像象鼻，所以称为象山，又名福寿山。位于大湖大道北侧，东与白鹤山相连，西与大阳山植物园毗邻。为阳山南部伏象峰向东方向延伸的余脉。山体垂直投影面积 0.36 平方千米，海拔 66.6 米。

20 世纪 60 年代中期开始，当时的吴县保安人民公社组织大打矿山之仗，象山是主要采石地点。经几十年开采，象山的整体山体已经不复存在，采石留有较多形态宕口。

苏州乐园森林世界

象山鸟瞰

【公共设施】

苏州乐园森林世界

2020年5月，苏州乐园森林世界开园迎客，象山山体基本在苏州乐园森林世界以内。乐园占地面积50.4万平方米，是以森林为主题，以生态为理念，以旅游为主体，将森林生态与主题游乐、森系场景、娱乐休闲融为一体的森林主题旅游度假区。2022年12月，苏州乐园森林世界景区被评为国家AAAA级旅游景区。

道光《苏州府志》中关于象山的记载

观山

【山林概述】

观山，原名管山、罐山。《浒墅关志》载：管山为阳山之门户，而众山之或起或伏，若由此而收束者，故名之曰管。观山位于阳山东北，即阳山支脉十五峰之一的獾峰。山体由火山岩构成，由西向东再往北延伸，海拔79.1米，总长约1 000米。

观山背连巍峨阳山，东探运河古镇浒墅关，北呼真山吴王陵，南应枫桥狮子山，地理形势独特奇异。特别是东南一角，怪石嶙峋，巉岩壁立，恰如雄狮伏地而呼，令人望而生畏。

清代的观山有林亭之点缀，重廊幽榭，有泉、有桥、有峰、有坞，一丘一壑，皆得其胜，是春游的绝佳去处。特别是从浒关仪桥头往西至观山一带，田野荞麦青青，油菜金黄，黄绿相间，色泽绚丽。轻风吹拂，细浪起伏，登高临远，令人心旷神怡。此景被时人誉为浒墅关八景之一的"管山春眺"，文人墨客多有题咏。

随着时代的变迁，今日"管山春眺"有了新的内容，顺观山向南沿山纵深至阳山白龙庙，又新添了一条亮丽的景观带。在阳山环山公路的东侧，挖泥成池，垒土为堆，

观山鸟瞰

植以花木，置以湖石，布以亭廊，整个景观带曲折蜿蜒。景观区域内池水清澈，花木扶疏，黄石巧叠，亭榭翼然，曲廊精致，充分显示了设计者的匠心独运。游人移步赏景，仿佛进入一个硕大无比的园林胜地，无不啧啧称奇，陶醉其中。

凤凰山，位于观山以北，与鸡笼山相连接，海拔96.5米。

大荒山，位于浒墅关经开区观山村、香桥村与通安镇树山村交界处，属阳山余脉，在观山以西，凤凰山南，海拔113.9米。

【历史遗迹】

东岳庙与观山寺

观山自古为道家场所，有多处道教建筑。其中最主要的是东岳庙。其创建时代无考，宋皇祐二年（1050）重建，南渡时毁于兵。淳熙元年（1174）重建。明嘉靖间蒋宗鲁、王询、修方伯、陈鎏、袁祖庚等重修。万历间张世科、杜潜、赵经、袁祖庚、陆郡、邹复元重建。清康熙六十年（1721）再建，嘉庆四年（1799）又建。嘉庆十年（1805）因雷尊殿诸处火灾而重建，又增建花神殿。道光六年（1826）重修。东岳庙后还有三官殿、药王殿、吕祖阁、三法司庙等道家建筑，整体规模依山而建，气势不凡。2010年改道观为佛寺，称观山寺。

摩崖石刻

观山的摩崖石刻主要分布于东南崖壁，内容与道家有关的有四处。前三处为明嘉靖壬寅年（1542）所题。"仙人洞"，苏胡书；"来鹤峰""积翠峰"，沈弘彝书。此外还有道光二十七年（1847）华亭张祥河题"管山胜境"。这些明清石刻距今已数百年，但神采依旧，且字大如斗，笔力刚健，弥足珍贵，现被列为苏州市文物保护单位。

观山摩崖石刻

【民间传说】

双狮同望虎丘

清《浒墅关志》称观山望如狻猊，神似雄狮。民间有"狮子回头望虎丘"之说，而狮子山的北部，还有一只雄狮子（观山）也在东眺虎丘。双狮同望虎丘，确为吴中大地的奇观。

【历代诗文】

春游管山杂兴（四首）

清　邵源

陌上篮舆往复还，踏青士女斗风鬟。
嘐溪好景惟三月，一路莺啼到管山。

迤俪行来来鹤峰，峰前怪石与乔松。
仙人化鹤留丹井，一片闲云洞口封。

石壁高高耸翠微，云岩塔影看依稀。
道人指点烟深处，半是山晖半夕晖。

路近何妨竟日游，柴门归去不须舟。
中途随意沽村酒，剩有青钱在杖头。

道光《浒墅关志》

管山杂咏（三首）

清　吴铠

燕麦青青荠麦黄，仪桥西去好风光。
今朝相约游山去，一路看人赛会忙。

冈峦凹凸接金芝，竹轿兜行处处宜。
艳说仙踪留此地，石床犹剩一奁棋。

玉宇琳宫层叠开，栴檀袅袅落云隈。
武功何处留青冢，但觉松涛卷地来。

道光《浒墅关志》

白豸山

【山林概述】

白豸山,又名白石山,曾叫胥女山。位于浒墅关地区的大运河东原苏州钢铁厂内。山体由石英斑岩构成,由于历年开采,山体高度仅存26.4米。

白豸山的"豸",有两种读音,一读"zhì",古书上指没有脚的虫子。一读"zhài",在苏州方言中读作"石",所以白豸山又作白石山。又因"豸"与"鹰"古义相通,有些文献中就把此山写成白鹰山。

1957年,江苏省第一家钢铁企业苏州钢铁厂,在白豸山下诞生,并建成江苏省第一座炼铁高炉,苏州的冶金史从此翻开了崭新的一页。

【历史人物】

吴铠

白豸山千步泾上建有白鹰山庄,山庄主人名叫吴铠,是长洲(今江苏苏州)浒墅关人,诸生。曾参与编纂道光版《浒墅关志》。

【历史遗迹】

李晋王庙

白豸山麓原有李晋王庙,祀唐晋王李克用,俗称白石山庙,后奉为武邱乡土谷神。李克用,字翼圣,本姓朱,被唐朝皇帝赐姓李。骁勇善骑射,军中称之为"飞虎子"。其子李存勖建立后唐,追谥其为武皇帝。李克用未曾到过苏州,不知为何被奉为土谷神。现庙已不存。

观音庵与千步泾

白豸山麓还建有观音庵。观音庵旁有千步泾之景。其"千步泾"三大字匾额,传说是清代康熙初神童顾某五岁时所书。现已不存。

【历代诗文】

白石山

清 张大纯

为访春申迹,还征《越绝书》。

东来饶聚落,南望集舟车。

地迥烟云敛,天寒林木疏。

只今谁好客，搔首独踌躇。

道光《浒墅关志》

白鹇山园（二首）
清　吴铠

数椽老屋枕溪湾，几许林泉只等闲。
应恐愁多诗力灭，天教日看对门山。

雨过云影落平畴，宿麦新秧一望收。
休怪峰多巧障日，我来更上一层楼。

道光《浒墅关志》

白石山
清　陆秉鉴

绿满长川翠满山，皑皑白石出林间。
高低荦确疑羊化，远近晶荧认鹤还。
关市人过喧旦暮，樵苏磴曲竞跻攀。
春申往事何堪问，坐久惟闻涧水潺。

道光《浒墅关志》

白石山
清　张元益

偶来浒墅北，散步过溪桥。
山色随云变，人声隔岸招。
村墟环水渚，稼穑杂渔樵。
一往穷幽胜，余杭去未遥。

道光《浒墅关志》

白豸山
清　凌寿祺

名传胥女旧，改号自春申。
石势蹲如兽，岚光照似银。
田园看错落，楼阁妙依因。
为有草庐在，时来访故人。

道光《浒墅关志》

白豸山运动公园

白石山

清 姚承绪

皑皑白石隐仙寰，岭复冈重相对闲。
硌确一群羊变化，苍茫千仞鹤飞还。
云迷北墅春申浦，月掩南荒胥女山。
好客只今谁继起，夕阳古冢泪潸潸。

《吴趋访古录》

【民间传说】

胥女的领地

传说白豸山一带是胥女的领地。胥女是吴王之女，名叫胥主。胥女死后葬在白豸山，所以白豸山又名胥女山。春申君来吴后把它改称为白石山。

【公共设施】

白豸山运动公园

现今的白豸山，建起了运动公园，2020年8月7日正式启用。公园集文化展示、运动健身、休闲养生等功能于一体，以"生态乐活"为旨，不仅有优质的山水资源，也有丰富的健身、娱乐设施。

蒸山

【山林概述】

　　蒸山，又称真山、贞山，地处苏州科技城与吴中区分界处，位于玉屏山之东，以其云气如炊，故名。山体东西走向，长约 1 500 米，呈椭圆形。主峰蒸山，海拔 179.2 米。次峰善山，位于主峰东 1 200 米处，海拔 50.2 米。两峰间有史家岭。山体由砂页岩和黏土构成。北坡为 20 世纪 70 年代到 80 年代开采高岭土的重点矿区。

【历代诗文】

入蒸山谒徐天全墓
明　吴宽

平生晁贾共襟期，欲使才名百世垂。
众口是非何日定，老臣功罪有天知。
湖山仿佛精神在，杖屦从容岁月移。
逝矣姚崇嗟不返，凭谁为刻墓前碑？

《匏翁家藏集》

古　松
明　吴宽

盘盘蒸山麓，侧径频折旋。
山人引我去，云有长松眠。
石磴被蔓草，摄衣步相连。
果然见奇树，如神龙蜿蜒。
鳞甲生满身，仍怪髻鬣全。
恍若出巨壑，疑将赴深渊。
未学扰龙术，却立不敢前。
天风谷口起，绕视惟茫然。
枝干既屈曲，不中栋与椽。
兹山非杜栎，亦复全天年。
傍有短石垣，制作良且坚。
四垛屹不动，密累皆古砖。
断裂苍藓间，有碑昔人镌。
铭文已磨灭，篆书冠其颠。
荒山少居民，始知徐公阡。
摩挲发长叹，助我松声圆。

草棘莫前除，应乏云仍贤。

旭日照松下，同之吊重泉。

崇祯《吴县志》

谒徐武功墓
明　史鉴

絮酒来何暮，凄凉百感生。

文名推独步，相业沮垂成。

才大人多忌，功高谤易行。

只应坟下水，流恨去难平。

《西村集》

过贞山（节录）
民国　李根源

过贞山，访武功伯徐有贞墓。贞山西麓有无锡周探花弘祖墓，坊题"梁溪周公墓道"，左右石亭覆四面碑二，三面刻字为康熙九年、康熙二十七年、周公谟周弘诰封碑。至丁氏墓，有大池。詹氏墓，有坊。尤氏墓、金氏墓。天科察院吴墓，其吴文恪公士玉墓欤？无碑字，不敢擅定。徐墓终寻不获。有贞权谋功利之士，余何为重其人？以其谪戍金齿时，于吾乡文风多所启发。故必寻之。适自官山来一老农，询以徐墓，云："界里居民，即徐墓之守冢人。老辈相传，此墓为明朝极有名望之人。"坟地宽广，年纳粮一石二斗，十年已无人过问。余问坟在何处？老人从容引入界里，去村十余丈即徐坟。背贞山，面邓尉，左玉遮，右马冈。又问，贞山他处尚有徐姓坟否？答无。余复问村中人，答：此明朝徐阁老之坟。余意武功以罪遣戍，虽遇赦回籍，并未复官，乡人称曰徐阁老，从原官也。无翁仲狮马，亦其分耳。

《吴郡西山访古记》

【历史遗迹】

徐师闵墓

徐师闵，祖籍福建建州建安（今属建瓯），字圣徒，官至左中散大夫。父徐奭，北宋大中祥符五年（1012）状元，字武卿，历苏州通判、两浙转运副使。父子卒葬此山中。

《宋左中散大夫徐师闵墓志铭》石碑，为北宋原物。碑为正方形，尺寸为104厘米×104厘米×15厘米。蒋之奇撰文，黄履书丹，章衡篆盖，徐隆刻石。明洪武《苏州府志》有载。此碑于北宋元祐八年（1093）随葬入土，后于清乾隆年间出土，为有识之士重新在旁立碑记述，并于原址复埋。20世纪60年代，又被挖出，弃之山野。

宋左中散大夫徐师闵墓志铭

2018年底获保护，现由苏州高新区（虎丘区）文化体育和旅游局珍藏。

虞夷简墓

虞夷简，宋吴县（今江苏苏州）人，字幼仁。为郫县丞，判永康军。后知四川富顺监，以崇化善俗为务，禁科敛，恤贫民，入祀名宦祠。葬于蒸山。其妻恭人邓氏亦葬此山，其子、知岳州虞烒及妻魏氏，以及其后世数代均祔葬。墓址已无考。

边裕墓

边裕，宋吴县（今江苏苏州）人，字道夫。年少有才名。历任睦州团练推官、润州观察推官，知江都县。迁开封新城左厢公事，除管勾南京留司御史台公事。其子知微、知章、知白、知常、知远、知节、知存、知新悉葬此山。墓址已无考。

徐有贞墓

徐有贞（1407—1472），明吴县（今江苏苏州）人。初名珵，字元玉，晚号天全翁，祝允明外祖父。宣德进士。正统中官侍讲。参与英宗复辟有功，官至兵部尚书，兼华盖殿大学士，封武功伯，世称徐武功。曾诬杀于谦、王文，为民所恨。工画，善山水。卒葬此山，墓址已无考。

冯智懋墓

冯智懋（1770—1850），清长洲（今江苏苏州）人，字明扬，号春畹。清詹事府右春坊右中允冯桂芬之父，商人。墓志铭为桐城姚莹撰文，太仓陆增祥书丹，晋江陆庆镛篆盖。墓址已无考。

通密

土垣窳贏飄鼠石象蒙荊棘欲
覓連句訖殘碑半只字
汪琉詁大石一首家法陸衡書

树山

【山林概述】

树山,又名殳山、如山、新石头山,古称圈山。圈,盛谷的圆囤。吴语的圈与粟音近,故又名粟山。海拔 39.8 米,位于阳山北部,鸡笼山西部,浒光运河南部。

【历史遗迹】

石城

据载,树山上原有一座石城,现已无迹可考。

树山鸟瞰

书坞

宋代文林郎周南隐居于树山,著书立说。其所著《山房集》称此地为书坞,现已无迹可考。

【出土文物】

春秋中晚期陶器

树山上曾经发现春秋中晚期陶器碎片,证明在春秋时期吴国已经有先民在这里生活耕作。

【历代诗文】

圖山朱都尉过访，留宿草堂中，夜不寐，情见乎词

明　张元凯

有客江上来，柳下住双桨。
身白俨如瓠，巨口仍广颡。
相见懒长揖，落魄高阳党。
呼儿且沽酒，把臂坐草莽。
十年交自倾，片言心觉爽。
明霞四散飞，长庚独先朗。
蝙蝠扑檐间，熠耀行草上。
凉风西南来，剌剌枝头响。
下榻不能寐，空庭共俯仰。
慷慨醉中言，何时起李广？

《伐檀斋集》

【特产风物】

树山三宝

树山的云泉茶、杨梅、翠冠梨是"树山三宝"。云泉茶，清凉解渴，久泡味浓。树山杨梅，是珍稀的高岭土地质和江南烟雨气候成就的果中珍品。翠冠梨，被誉为"六月雪"，因富硒土质造就了它独特的口感。春季，千亩梨花竞相绽放，树山成了一片

树山茶场

花海。依托梨花景观打造的特色节庆活动吸引了苏城内外数十万游客。

树山温泉

树山拥有花岗岩裂隙型温泉。树山温泉采自地表1 299米深处，属偏硅酸多元复合型温泉，富含偏硅酸、钾、钠、镁、溴、锂、铁等多种微量元素。树山既有大众休闲的疗养型温泉，也有适合高端精致的度假型温泉，还有以"温泉主题乐园"为概念的娱乐型温泉。

【传统节庆】

抬猛将等

树山脚下，400余户村民散落于"三山四坞五条浜"之间，他们日出而作、日落而息，安然而又祥和。这里民俗文化极具特色，至今仍然有"抬猛将""中秋编兔灯""云泉腊八节"等传统民俗活动。

【公共设施】

树山商业街区

树山村为全国农业旅游示范点、全国乡村旅游重点村、全国文明村、国家级生态村等，为推动树山村乡村旅游发展，在树山东侧建有树山商业休闲街区。街区规划建设有树山村游客中心、树山村"双创中心"、音乐会客厅、网络文化基地、花间堂酒店、书香世家温泉酒店等旅游服务配套设施。

树山村

大石山

【山林概述】

大石山是阳山山脉北端一座突兀隆起的小山峰，位于通安树山村的大石坞内。它耸立在阳山的半山腰，南北走向，海拔80多米，是一处非常幽静的山峦。元代以来，大石山吸引了无数文人墨客。明代吴宽、李应祯、张渊、史鉴、杨循吉、王鏊、沈周、唐寅等文人墨客在此赋咏题刻。

【历史人物】

顾元庆

家居于此的明代著名藏书家、刻书家顾元庆，在著书刻书的同时，充分利用大石山的自然景观，构建了拜石轩、招隐桥、宜晚屏、毛竹磴、玉尘涧、青松宅、杨梅冈、欵云亭等"大石八景"，亲自撰文唱咏。顾元庆被尊称为"大石先生"，因此大石山也被称为"顾家青山"。

大石山鸟瞰

【历史遗迹】

云泉庵

大石山中原有云泉庵，上临秀石，下傍清泉，庵以山下泉而得名。庵由宋朝珍护禅师入大石山掌建，元大德年间在觉明高僧的努力下得以兴盛，是苏州阳山地区十大寺院之一。现在的云泉庵，已迁址于大石山下。

摩崖石刻

大石山保留着"大块文章""集仙岩""夕照岩""仙砰"等数十方明代以来的摩崖石刻。1986年3月，大石山摩崖石刻被认定为苏州市文物保护单位。

大石山摩崖石刻

【历代诗文】

登阳山大石
明　王鏊

阳山从西来，勇气正咆勃。
联峰划中断，散作石突兀。
不知开辟初，谁划造化窟？
偶来陟其椒，未步先欲蹶。
俨如大廷朝，冠冕森万笏。
又如羽林军，戈剑罗劲卒。
抉开混沌窍，截断防风骨。
谽谺唇吻张，璀璨鼻眼突。
尝疑地生疿，又恐天坠孛。
嵌岩亦通透，轩敞且崷崒。
梯空路不穷，补缺屋将杌。
沮洳滴玲珑，丰茸眠猰㺎。
缝生薜驳斑，罅卧松强倔。
手摩畏狰狞，足履愁跪㐹。
灵湫瞰潜虬，危巢俯栖鹘。
佳处诚悠悠，怪事良咄咄。
炼疑娲皇遗，堕恐共工探。
神禹凿难平，夸娥推欲没。
太湖杯汀滢，绝顶箭恍惚。
作诗继前游，归兴殊忽忽。

《震泽集》

登大石云泉庵，读李武选、吴太史、张梦坡、史西村诸公联句有作
明　沈周

昔闻大石会，衷热思载酒。
三年耻独游，闭户屡缩首。
拘束非达士，畸人信无偶。
问路始奋屦，不避飞磴陡。
登顿风披身，笑语云入口。
直上忽左旋，方塞复傍剖。
跨空紫玉堕，下穿龙腹走。
胆栗欲中止，仍为奇观诱。
碧殿嵌阳崖，硌确碍窗牖。

转高得绝胜，小阁踞岣嵝。
如从毗庐现，载以莲花九。
东壁读联篇，句下具某某。
文章千代物，与名俱不朽。
后客莫容续，令人议貂狗。

《沈周集》

秋日同客登大石云泉庵
明　陈道复

久羡云泉胜，今乘兴一之。
地赊人到晚，山峻月来迟。
已醉灯前酒，应惭壁上诗。
眼中诸侣在，须订后游期。

《白阳集》

辛丑秋登大石
明　沈弘彝

云泉高阁倚天开，把酒临风共举杯。
无限湖光晴潋滟，有情山色势差巍。
登临胜概足清赏，经济明时须俊才。
翘首江天日欲暮，闲情未遣且徘徊。

崇祯《阳山志》

游大石
明　曹寅

山楼高出白云层，修竹疏松入座清。
旧雨又添今日意，一樽聊叙十年情。
断碑芜没前朝字，古壁题留太史名。
纵饮已知成汗漫，暮寒吹面酒容醒。

崇祯《阳山志》

大石八景记序
明　王穉登

余童卯时，好读稗虞氏书，见顾先生所撰著书数十种，盖慨然即知，慕顾先生云。然疑顾先生为古贤人，不可见。比长，来金昌，则知顾先生今世士，其居阳山大石，去余家又甚近。辛酉十月，始入阳山访先生。先生年殆八十，风流文采，籍籍有壮夫气。命余游山，指说坞中八景处，既又出其文八记，授余为序。

余序之曰：夫九日之下，八埏之上，山河灵淑者，岂鲜之哉，于是必有奇人幽侣、松皓芝客，烟霞丘壑之士，风雨蛟龙之英，为之考槃倘佯，商略歌吟，然后山川涧谷之秀，有所寄托附丽，以获昭扬于代。若昔之箕山，以许由著；桐江，以严生载；谷口，以子真播；鹿门，以庞公表；霸陵，以伯鸾闻；郎官湖，以李白传；王官谷，以司空图称；浯溪，以元结号；斯皆地藉人胜，境由德显。由是后世，裹粮蹑屩，佩图采真之流，知有箕山、桐江、谷口、鹿门、霸陵、郎湖、王官、浯溪之胜者，即皆知有许、严、郑、庞、梁、李、司空、次山诸人，相与叹赏咨嗟，照耀后先，是人与山川共不朽也。嗟乎！不其伟欤？阳山峨峨，作镇吴国。大石又当其秀，如夫蓉青黛，图画云气，不可形状，意其中必多产神异。然千载而上，始得缪氏之龙；千载而下，又得顾先生，而后八景之名，赖以显闻。余以是知海岳精灵之气，信不恒发也耶！

八景曰：玉尘涧、青松宅、毛竹磴、杨梅冈、拜石轩、宜晚屏、款云亭、招隐桥。是八者，先生皆据有之，又为诗咏之，且记之，而余为序之。先生名元庆，字大有。余太原王穉登，少先生五十年。先生交余忘其年，若汉孔北海、祢衡焉。

《王百榖集》

大石八景记

明　顾元庆

拜石轩

阳山大石，吴文定公所称东南一奇物也，在坞之上，不三十步作轩，以临之，名曰拜石轩，或曰石可拜乎？曰可拜者多也，拜其尊，拜其介，拜其寿，拜其重，拜其恭，壁立万仞，有不可犯之势，非其尊乎？烟云攒错，风尘不得以间之，非其介乎？自天地判历万世而不泐，非其寿乎？隆然而起，寂然不动，非其重乎？肃然若植，翼然若拱，非其恭乎？五者之美，触而为云，散而为雨，泽及于天下，故宋有米元章贤者也，遇石以丈呼之，具衣冠而拜，人以为颠，殊不知世之颠亦多矣。有困而颠者，有病而颠者，有酒而颠者，有忿而颠者，有惧而颠者，不可枚举；未见有颠于石者也。五百年后，吾师焉，师其颠。师其颠于石也，后之视余者，颠乎否也？

青松宅

将营寿藏于大石坞，十年前，松自手植殆遍。十年后郁然而拱矣。或曰松不可少，松不可多。不可少，以其能蔽能久，而不凋也。不可多，以长子孙斩伐之心也。总计之，不过十亩，幸而在乎，不少不多之间。学士昆湖瞿公过之题其石，曰顾山人青松宅。公意以为松之有宅，如坞之寿藏也。出于一时兴致，不意偶同于古人，初无有意于同也。所谓寿藏者，老人讳言之，为其弗达也，达则无是矣。古之达者，自为祭文者有之，自为墓志者有之，言生必有死，如昼必有夜，寄者必有归也。况火石易尽之，躯而不加，意于其间哉，窃怪乎？堪舆家相山川冈亩之形势，考岁月时日之支干，子孙富贵贫贱，寿夭贤愚，皆系焉。殊不知天之秘，非人得而窥之。众人所以受其惑，而不觉也，然则将曷从乎，求其安焉而已。所谓安者，如防五患、择厚土、御木根、避水蚁四者而已，四者既谨，则死者体魄安，子孙受其气者，亦无不安，若以富贵藉冢中枯骨可转移于子孙，则富贵不在天而在地矣，术之谬诞有如此。吾见近世富贵之家，择地于富贵之后，未有择地于富贵之前者，间亦有之，遇也，非择也。故空同子曰，富贵可遇而不可求，又曰善获则吉，不善，虽获弗应也。三复斯言，足破千古之惑。

玉尘涧

阳山以大石胜，大石之下谷为胜，而涧为尤胜。嘉靖某年月，余始购得谷中隙地一区，广十亩有奇，作屋于其左，将营苑裘以终老焉。墙之内有涧，涧自山之阳众流合，趋而下，更数折入谷，将跃而伏，将起而隐，盖由腐叶填委恶，草木樛樛蔽结。不唯人不知涧有泉之美，余居之久，亦不知也。辛酉春，有玉尘之直，毅然思以疏之，不越月而工，讫攀援而登，有峰森然，有石巉然，峰之上有云悠然，有寺翼然箕踞而遨，石楠、冬青、杨梅、毛竹连阴结翠，邃然郁然，四顾寂然，乐而忘返，太末童子鸣题其泉，曰翠蛟。以其委蛇掀舞负林樾而趋，有似于蛟，故曰翠蛟。涧长百步许，其中若穴若坎，若圆而潭，若方而池。池有泉，尤宜茗事。靖江沈鸿甫题为上池。古

仙桥

所谓饮上池之水，三日而知物也之义。上下怪石纷错，欹者、倚者、锐者、偃者、夷者、兽而伏者、龟而饮者，不可殚状。上池之左，缭以短墙，有石如几，藓蚀殆遍，如三代尊彝簠簋，青翠夺目，初不知其为石也。梁溪秦汝立，见而乐之，摩挲久焉，为刻"藓几"二字于其石之唇。涧之胜，至是而始穷，泉亦不复散漫，皆归鲸吻中出，堕落丈许，地渐舒衍，作为九曲羽觞赋诗，宛然晋人修禊之遗迹。所谓崇山岭茂林修竹，不在会稽下。噫！地之秘必待人而发，人之胜必俟力而成。涧之湮塞历年既久，狐兔以为区，蛇虺以为圃，目不可加，足不可措。及其辟也，嘉木立，美竹露，奇石显，不假琢饰而天地自然之妙，回巧献技杂陈于前，所至皆杖屦安步之坦途矣。而余得优游觞咏，于朽弃之余年，天之锡我可谓厚矣。然玉尘之力居多，遂名曰：玉尘涧。

款云亭

石坞之阴有谷焉，杳而邃，虚而有容。山四面云落谷中，不能即起，开阖舒卷，萦林缭石，如世外之士，于于闲闲，不可羁縶，倏然而散，石不可留，树不可碍，因感无心出岫。陶公尝见于词，祇自怡悦弘景，不以赠人，遂以西麓诛茅而亭之，曰款云，在玉尘涧之左，盖有所待也。不雕不琢，如斗如笠，因位而爽，因高而畅，每居宿于此。山故多云或不时遇，一日清晨，童子呼起看云，凭栏而观，云已薄襟袖矣。一室之中，床帏灯几被之无余，惟寺之上下岩石林麓点缀未尽，或隐或见，宛然米氏父子得意笔。俯视下界，如混沌未判，相去悬绝，莫知端倪。山中可观孰大于此？

宜晚屏

阳山自大石左一支直趋而南，欲尽而反顾者，是为入坞入谷，径之所从始也。自右望之，端凝不倚，石至是而润，木至是而秀，障蔽坞中之轩，如门之有屏也。杜少陵有"翠屏宜晚对"之句，因取其意，曰宜晚屏。屏之上下，峰峦之岈岘，烟云之吞吐，鸟兽之飞走，花木之秾丽，绚而成锦，错而为文，以致阴晴显晦，千态万状，不宜于昼，而宜于晚。何哉？盖晚者，日之入也，晚则息，斯时独对，万籁既泯，天君无扰，寂焉湛焉，不复知天地之为大，万物之为伙，年数之至于老。众人同有而不知对，山人于少陵之意。可谓独得矣。将图之，以为卧游之具，老懒弗克就，不若声文之可久，因书此于壁，来是轩者，知余所对矣。

杨梅冈

坞之中有冈，隆然而起，从大石而下。冈之上，旧有杨梅树四株，其一特大，出三者右，山中人植者绝少，称戈家坞为盛。近陆氏得之，主人远宦，自合抱而至如拱如指者，皆斧而售，为薪焉。由是，吾坞之大者，无与之匹矣。望之，轮轮囷囷，秋冬不凋，日月不漏，如连幄，如张盖，盛夏风气，如八九月时，每候其熟，携客至离列坐树下，任其自落，当其位者，取之用荐之以觞，有连觞而不已者，有移时不得一觞者，虽出一时之戏，其得失有如此。每岁入不甚多，其大而紫者，不在聚坞、铜坑之下，可支一家一年之用。有蜜渍者曰蜜杨梅，糖渍者曰糖杨梅，火焙者曰熏杨梅，蒜者曰蒜杨梅，矾者曰水杨梅，盐者曰腌杨梅。收置如法，可以经岁，或三四年者有之。凡祭祀燕享宾客，每种各出少许，加之俎豆之上。噫，前人植之，吾从而培之，吾植之，愿吾后人亦复从而培之，因识杨梅之德，作戒子孙。

毛竹磴

坞之磴，旧无竹，界上一鞭延至磴上，迸一笋。余甚喜，篱以护之，人以守之，自寸而尺，自尺而寻丈，自寻丈而至于于霄，保之无怠也。不数年，磴之上下左右郁然深秀，皆竹也。行有径，临有台，居有室，宜饮宜歌、宜诗宜琴宜奕，由是坞之胜，专于竹，竹之胜，专于人，饮者乐焉，歌者放焉，诗者工焉，琴者畅焉，奕者忘焉。日有造其下者，抚焉攀焉，忘其于荒寒穷谷之中，则人与竹宜，竹与人宜，磴与人与竹皆宜也。噫，竹之植于人多矣，非其地非其人。稚者食之，瘁者薪之，筐筥者斩之，彗箒者刈之，是竹之灾也。其可同日而语哉？古人谓竹无声色臭味之好，其形直，其心虚，其节砺孑孑然，有逸人隐士之风。余与之俱将廿年，师其直，师其虚，师其节，久与之化，不知竹之为我，我之为竹。

招隐桥

坞在阳山腹中，山蔽之，谷最下坞蔽之，谷之口有桥跨玉尘涧上，故曰招隐桥，桥转而北，有桂连蜷而可攀也，有石嵯峨而可玩也，有泉清莹而可濯也，有松苍然，有竹翛然，可抚可憩也。去郡城三十五里，东阻于关，西环于湖，违世谢俗，所以闻足音则跫然而喜，真荒寒之僻壤，静养之奥区也。独居岁久，门扉长寂，凡有过从可悉而数，有胜事，可纪者三焉。嘉靖某年，筑所居之庐，童子报客至，视其刺，昆之魏庄渠公也。是日落成，公以是日至，心窃自喜时尚未晚，留之宿，再拜而请，公许之。出山肴野簌，团坐而饮，公不以为亵而以为乐，使侍者歌刘静脩杂诗七言绝句五首，公复自歌，余又和之，琅琅声振林樾。兴犹未止，又推其爱于桂于石于泉于松于竹，攀焉玩焉濯焉抚焉憩焉，无不至也。嗣后，童子鸣自锡山来，顾愿父继至，入坞已薄暮矣。酒未半，新月过岭，万籁俱寂，高歌放趾，循涧而止，回顾诸峰，飞舞檐上，若将压焉。吾三人炯然如在冰壶中，地中若萍若藻，忘其为松竹影也。最后，与沈鸿甫晨起观云，四山云气裹合，恣其扑咽，目不能见，口不能言，若在窅冥，恍忽中唯一点心灵，知其为甚奇，相去咫尺不能与鸿甫语，移时收敛，诸峰历历又在目中矣。廿年以来，庄渠公仙去已久，子鸣归太末，鸿甫归靖江，皆在千里之外。山川江海间之愿父，志在进取不可挽留，俯仰之间，山阿寂然，所以泪翟子之悲恸，朱公之哭也。是为记。

崇祯《阳山志》

重修大石云泉庵记

明　王穉登

大石，在阳山北陇，嵯峨突兀，望之若莲花涌出；山半，其中有石梁从平地起，可百尺，横亘两崖间，若蝃蝀雌霓，奇甚。昔人于此结庵，名曰云泉。盖阳山云出，则占雨。石之坳，有泉清冽，大旱不涸。庵所繇名也。庵久圮，败墙古瓦，不山鸟巢即松鼠窜。吴文定、李太仆诸公题壁联句，与蜗篆苔纹错杂，不可读矣。山中此丘，屡修屡废，游者病焉。

岁丙申，司徒郎董使君奉命榷浒墅税。当讥关之暇，偕文酒客来游，睹禅宫之消歇，悼名境之榛芜，慨然思割俸重修。而会及瓜将代，帑有羡镪，乃集材鸠工，佛庐禅室之颓坏者葺之，高榭层轩之破漏者补之，榱栌楩楠之蠹腐者易之，髹漆丹青之剥落者新之。署其阁曰凝霞，复其门曰云泉。而后金铺射日，绀殿侵云，朱甍画栋，鳞鳞翼翼，与青松白云、修竹流泉相映带。庵之胜，视昔不翅十倍。于是词人咏、酒人酤、山人憩、行人瞻、王人弭节、游人停鸾、禅人顶笠腰装而至者，莫不诵董使君有德于山灵，非浅鲜也。

使君宽平而简静，敏恕而疏通，捷利而不凝滞，良法善政未易更，仆悉数。其最钜者，捐帑金三千余，自关以东，属枫桥阊石堤，长竟二十里。此堤成，而后往来者不病涉，使君当与白香山并久矣。异时将有鸿藻丽词之彦，石其事以告来者，比于羊公岘首之碑。若此庵重修，不过声闻小果，在使君善政，亦小节耳。余雕虫士也，笔安得如椽？因某某来请，姑记其小者。

使君，名汉儒，字学舒，开州人，万历己丑进士。

崇祯《阳山志》

【民间传说】

大石山和环秀山庄

大石山幽、奇、险、古，占全了名山的四字要诀。据《浒墅关志》记载："大石峰涌出，山腰如莲花。"大石山危岩峻峰可见一斑。传说清代叠石名家戈裕良在大石山得到灵感，并依照大石山地貌结构和山峦原型，堆造了位于苏州古城内的世界文化遗产——环秀山庄。

鸡笼山

【山林概述】

　　鸡笼山，又名鸡峰、启龙山、憩龙山。唐代陆广微在《吴地记》记载"鸡笼山在吴县西三十里，以形似鸡笼，因名"。鸡笼山位于通安镇树山村东，大荒山西侧，是阳山北麓余脉，与阳山岭断脉连，山体东西走向，垂直投影面积0.53平方千米，海拔111.2米。

【历史遗迹】

石室土墩

　　经苏州市文物部门考察，鸡笼山上共发现东周时期的石室土墩11座，其中1号土墩是最大一座，墩底南北长30米，东西宽40米，高10米。石室内部，长10.6米，宽1.86米，高4.6米，有一个狭长的内部空间，目前保存完好。在石室填土层中出土了玉璜、玉片、绿松石珠等。

宋代建筑遗址

鸡笼山西侧山下有宋代建筑遗址,文化堆积厚达 0.4 米至 4 米,已采集到瓦当、滴水、重唇形板瓦、长条形横道砖、圆柱形建筑部件、雕刻有灵芝纹的建筑饰物。

古矿道

鸡笼山东坡有一条古人采挖白泥留下的矿道,深幽莫测。

古 洞

据明代岳岱说,鸡笼山有洞,洞口在山巅,中有石磴,盘旋而下。昔有人探视后发现其去甚远,因烛尽而返。古人认为此洞可以通太湖林屋洞。

【出土文物】

鸡笼山文物

鸡笼山发掘出土的文物有陶器、瓷器以及玉石器等,还出土了 13 件汉代红陶钱范。

钱范（出土于鸡笼山，现藏苏州博物馆）

钱　范

苏州高新区通安鸡笼山出土。

此为布币钱范。布币本为春秋战国时期流行货币，至秦灭六国后废除，西汉末年王莽执权，建立新朝，又重新启用布币。王莽时期所制布币与战国时期赵国时期布币较为相近，但其制工更为精细，整体修长，中犹钢针垂悬。

【历代诗文】

寄鸡笼山僧良琦

明　顾辉

鸡笼山下野人家，破晓写诗邀品茶。

秋风过树落红叶，夜雨满溪流白沙。

崇祯《吴县志》

鸡笼山石室土墩

雨中过憩龙山

明　高启

春云唵霭涧奔浑，风雨行人过一村。

不似山家深竹里，乳鸠啼午未开门。

《百城烟水》

春日过憩龙山新阡议葬事，时有邻山友人邀往未果，竟至大石庵一茶回城

清　姜埰

蹑屦阳抱西，风雨濡吾足。

丛岩紫盖椭，山楹已在目。

绝顶邈翠标，下对谽谺谷。

金蚕人不见，暮鸟飞相逐。

此山类渔网，星经考簿录。

买云银叶片，吾梦已叶卜。

岂不堪一弓，松柏况未秃。

时有二友从，爱此苞绿竹。

烧笋作茶汤，口甘似馔玉。

二友为揶揄，即许相征续。

忽闻有故人，折柬屡招促。

顾我颠蹶姿，敢比猿捷木。

幸有儿子扶，汗漫到石屋。

何年鬼斧劈，才可及腰腹。

松根百尺泉，泚泚光可烛。

天门两山突，势如铁牛触。

嵌空出万象，望望湖山曲。

我欲登其巅，但愁筋力缩。

会意便径还，疾行犹趑趄。

船头柹橄鸣，榜人正独速。

宜趁野航三，归伴雪花六。

《敬亭集》

憩龙山追和高青邱韵

清　凌寿祺

风雨奔腾涧水浑，龙归曾此憩山村。

至今云气前峰起，白日家家早闭门。

道光《浒墅关志》

真山雪景

真山

【山林概述】

古称甑山,旧志称山巅有七穴,如瓦甑,因此得名。每逢阴雨,山顶烟雾缭绕如釜上蒸气,故又名蒸山。在浒墅关中心村和通安树山村间,位于阳山北、312 国道西。真山北西走向,长 1.2 千米,宽 0.6 千米,由 3 座峰岭组成,中间主峰海拔 76.9 米,和西面侧峰合称大真山;东面侧峰海拔 32.8 米,当地村民称小真山,现均在真山公园内。

【历史遗迹】

真山土墩古墓群

1992 年 11 月 25 日,真山采石矿二厂在炸山采石时,在小真山的山顶发现了一座高级别的大墓。11 月 27 日开始,由苏州博物馆和南京博物院联合组成的考古队进驻真山,开启了第一次抢救性发掘工作,发掘了位于小真山的编号为 D1M1、D3M1 及 D6 的 3 个土墩,出土随葬铜器 26 件,玉石器 7 件,还出土了"上相邦玺"铜印一枚等文物。在考古发掘的同时,对真山进行了勘查,共发现土墩 57 座。这些土墩位于山顶或山脊,小真山上有 6 座,大真山上有 51 座。在国家文物局指导下,苏州成立了真山发掘领导小组,对大真山最高峰 D9M1 进行抢救性发掘。

D9M1土墩墓葬是苏州历年出土的东周墓葬中最大的一座，出土文物以玉器、料器、绿松石器为主，数量达万余件。绿松石、玛瑙、水晶、孔雀石珠管饰件也有万余粒，还有海贝1160枚，绿松石贝122枚。其中较大玉器30余件，有2件玉虎形璜。根据发掘者研究推断，墓主可能是吴王。

从1992年到1994年，通过对真山土墩墓葬的多次抢救性考古发掘，确定了真山是春秋至战国时期吴楚地区的贵族墓地，是目前发现的苏州最重要的东周时期贵族墓群。在整个江苏和全国来讲，也是非常重要的一次大发现，为研究吴、越、楚文化增添了珍贵资料。1994年，国家文物局认定真山墓葬群为吴楚贵族墓地。

甑山寺

真山下原有甑山寺，五代吴越时僧德清始建，宋代皇祐五年（1053）赐建大殿，后几度荒废重建。现真山公园内有新建甑山寺一座。

郑震墓

道光《浒墅关志》载，真山原有安定、和靖两书院山长郑震墓。现已无存。

【出土文物】

玉殓葬饰件

1995年出土于真山春秋吴国王室墓中。这套玉殓葬饰件由玉面饰、珠襦、玉甲、玉阳具饰等组成。玉面饰是覆盖在墓主的面部的玉器。其中，虎形玉饰代表双眉，较小的拱形饰代表双眼，较大的拱形饰代表鼻子，玉瑗代表面颊，玉玲代表口。这套玉殓葬饰件，纹饰精美无比，线条极其流畅，是一套玉器中的精品，也是金缕玉衣的前身。

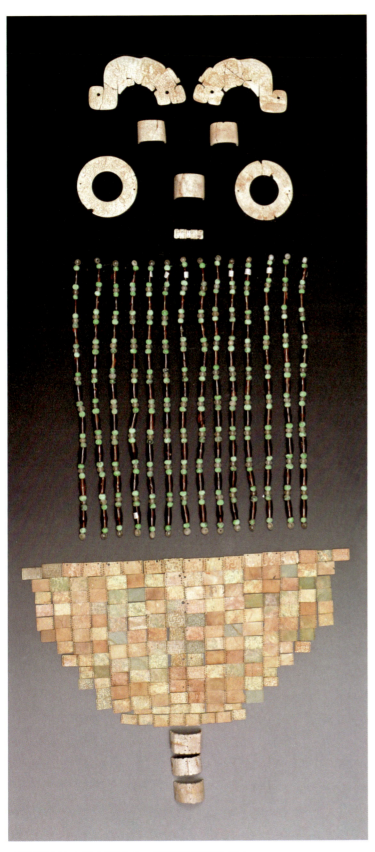

玉殓葬饰件（出土于真山，现藏苏州博物馆）

上相邦玺

1995年出土于真山东周贵族墓地。这枚印的钮式为桥钮,铜制,长2.9厘米,宽2.8厘米,高2.1厘米,印文为"上相邦玺"。根据史书记载,楚考烈王时,黄歇为相,受封为春申君,被害于寿州,可能归葬真山。从印文及出土区域分析,该印为春申君印玺。

上相邦玺(出土于真山,现藏苏州博物馆)

【历代诗文】

过甑山
明　沈周

林麓萧萧寺,门幽不藉扃。
蒸云山拟甑,障日树为屏。
老衲不下坐,对人还诵经。
闲去复闲去,空损石苔青。

《石田稿》

甑山教寺
明　王鏊

甑山教寺,在阳山北竹青塘。五代天德间,僧德清建。归并庵四。
奉先庵,在长洲县二都,宋庆历间僧本一建。
广福庵,在长洲县八都,宋宝庆间僧如素建。
观音庵二,一在长洲县六都,宋至和间僧法坚建;一在八都,宋宝庆间,僧善应建。

《姑苏志》

甑山寺
明　顾元庆

南国风高秋可哀,空山无伴我重来。
青林杳杳数峰出,白日荒荒一殿开。
小径故教穿竹屿,长松何意护经台?
衰年不厌闻清梵,暂省尘缘坐百回。

崇祯《阳山志》

甑山寺
明　岳岱

海上风烟自昼哀,林中碧寺客同来。

霜清涧户蕉犹绿，秋尽山堂菊剩开。
处世百年真过隙，携壶今日是登台。
斋心未可捐身累，日暮人间首重回。

崇祯《阳山志》

甑山寺
明　张翱

复道迤逦古涧边，琳宫紫翠护山巅。
超尘永借参禅地，饭众还依负郭田。
识到空明俱闪电，悟来嚣垢总樵烟。
虚灵七窍悬晴溜，野蕨重携侑酒泉。

崇祯《阳山志》

甑山寺
明　张应凤

探奇兴跃广无边，屐杖追随陟翠颠。
错杂满前都鸟道，纵横下瞰总郊田。
磬声彻远敲明月，岚气凌空送晚烟。
落尽春萱堪掬袖，呼童开囊买山泉。

崇祯《阳山志》

甑　山
清　凌寿祺

山本不在高，云雾兴即灵。
兹山有七窍，气蒸接杳冥。
何当傍松楸，山中结茅亭。
早晚看云气，勿使岩户扃。

道光《浒墅关志》

甑山草堂
清　凌寿祺

玉猿仙果已尘销，灵秀三间草屋饶。
当座云生堪入画，到门水涨恰宜桥。
一龛佛火修行早，百室人烟感德遥。
太息阿兄绵故业，棣华落后景萧萧。

道光《浒墅关志》

华山

【山林概述】

华山,又名小华山、小蜀山、小烛山、徐侯山、瓦山。华山位于苏州高新区通安,东临京杭大运河,与白豸山隔运河相望,山体东西走向,长 1 千米,宽 0.3 千米,主峰海拔 46.5 米,次峰许林顶海拔 37.5 米,次峰钻孔山海拔 40.2 米,部分山体已被开采。华山主峰西北 0.5 千米处有独立小丘金林山,海拔 13.5 米。目前,华山整体都在苏州钢铁集团内。

【历史遗迹】

华山遗址

华山西南部为华山遗址,1986 年 3 月被认定为苏州市文物保护单位。

1956 年在江苏省文物普查中被发现,采集到穿石斧、石钺等石器和原始瓷钵、硬陶罐片等,地表上还有唐、宋及现代瓷片。1965 年,南京博物院曾经试掘了 160 平方米,内有含夹砂陶碎片,还有许多具有春秋战国特征的印纹硬陶,以及汉代绳纹

华山鸟瞰

砖瓦等。文化层有比较纯净的良渚文化地层，出土良渚文化的小口平底弦纹黑陶壶。在下层的地层中，普遍存在有红烧土遗存，其中有木炭渣、兽骨、红衣陶釜、红衣陶罐等。这次考古出土的还有马家浜文化的豆、釜，另出土有良渚文化的泥质灰陶豆、壶，以及石刀、石斧、石镞和商周时期的几何印纹硬陶。

卫公子墓

据《姑苏志》载，华山南麓有春申君寄居主人卫公子的冢墓。李根源在吴郡西山访古时曾实地勘察华山的卫公子墓，但由于年代遥远，已经无法确定其准确方位。

华山古墓群

2010年，苏州市考古研究所和中国社科院考古所组成的联合考古队对华山土墩D15进行了发掘，在墩内又发现多座墓葬，包括三座战国墓葬。其中编号为M5的墓地由山体下凿形成竖穴式墓坑，墓口南北长3.4米，东西宽2.8米，深1.5米，南面有一条南北长3米，东西宽1.8米，深0.2—0.5米的墓道，平面呈"甲"字形。墓内

青瓷提梁盉（出土于华山，现藏苏州市考古研究所）

玉璧（出土于华山，现藏苏州市考古研究所）

随葬器物大部分放在东侧，出土器物 29 件，主要为陶器，有鼎、豆、钫、盆以及陶郢爰、陶俑头以及铜镜、玉璧等。编号为 M7 的墓地墓坑南部打破基岩，其余部分堆筑碎石与泥土形成墓坑。墓口南北长 4 米，东西宽 3.1 米，深 2.4 米至 2.6 米，共出土器物 30 余件，除有陶礼器鼎、豆、壶以外，还出土青瓷提梁盉、盖豆。出土 1 件玉带钩，钮部刻有"赵"字，可能为人名。另外还出土铜器物件，盆、耳杯、镜等以及铜砝码。华山土墩墓埋葬集中，规格较高，应为贵族墓葬区。从此次出土文物来看，此地应属于战国中晚期楚国墓葬区。

龙兴禅寺

据载，华山有龙兴禅寺。现已无存。

釉陶熏炉（出土于华山，现藏苏州市考古研究所）

【出土文物】

釉里红云龙纹盖罐

釉里红云龙纹盖罐出土于华山，其器型、龙纹、釉色、瓷胎等在国内外都非常少见，是元代釉里红瓷器的佼佼者。据说，当年一位农民在华山的山坡上挖沟种茶树时发现此罐，拿回家作为存稻种谷物的容器。1976 年，苏州市文物商店下乡收购古物时发现，并交吴县文管会保管。1994 年被国家文物局鉴定为国宝级文物，现藏于苏州吴文化博物馆。

釉里红云龙纹陶罐（出土于华山，现藏吴文化博物馆）

【历代诗文】

七月晦日小华山即事呈荫公上人

清　朱中慧

此山逢此日，香火九华同。

多少农家子，身灯贴肉红。

道光《浒墅关志》

小华山

小华山即古小蜀山。《越绝书》："胥女南小蜀山，春申君客卫公子冢也。"下有地藏庵。

道光《浒墅关志》

卫公子冢

清　凌寿祺

春申庙古锁寒烟，公子魂归化杜鹃。

惟有墓前千个竹，青青仿佛似淇泉。

道光《浒墅关志》

瓦山村

民国　李根源

自中峰西南下行约二里，达瓦山村。问："此山何名？"土人曰"瓦山"，或曰"华山"，或曰"小花山"。问以小蜀山、徐侯山、卑犹位之名，均不之知。山麓有龙兴禅寺，寺右放生池，仰仆六尺碑，左上角缺字模糊，洗视之，有文震孟撰并书数字尚可辨认。井侧横卧长石约丈五，无字。寺陋且破，铁磬铸文曰"丁巳年立，华山敕建龙兴禅寺，衲龙泉"等字。后山大石下建福兴蕊老和尚塔。

《吴郡西山访古记》

東涯

寒路孤墳蓋艸深一回行過一沾
吟邊頭白丈如筆橋末見當禾
金母心王寶誌　　陸續登⋅商　陸泳

玉屏山

【山林概述】

原名玉遮山,因山体横列如屏,故称玉屏山,又称翠屏山、遮山、蜀山、查山、茶山、城隍山,俗称"上山脚头"。地处苏州科技城与吴中区分界地,位于苏绍高速、逢春路、查山路、龙山南路之间,南望穹隆山,东接蒸山,西与凤凰山相连。山体呈南北走向,长 1.5 千米。主峰玉屏山海拔 190.2 米,次峰查山位于主峰北,海拔 154.9 米。

【历史人物】

王穉登

王穉登(1535—1612),字百榖,号半偈长者、青羊君、广长庵主,晚年自号玉遮山人。明长洲(今江苏苏州)人,原籍武进(今江苏常州)。四岁能属对,六岁善擘窠大字,十岁能诗,长益骏发,名满吴会。嘉靖四十三年(1564)至北京,在袁

玉屏山生态园

炜家任记室，辑《燕市集》。四十五年（1566）访慈溪、宁波，归著《客越志》。隆庆元年（1567）再至京师，辑《燕市后集》。万历十四年（1586）曾与汪道昆、王世贞、屠隆、汪道贯、汪道会等在杭州共举"南屏社"。吴中自文徵明后，风雅无定属，穉登尝及徵明门，遥接其风，主词翰之席三十余年。同时期山人布衣以诗名者十数，而穉登为最。万历二十二年（1594）与陆弼、魏学礼等被召参与修史。善书法，行、草、篆、隶皆精。著有《吴社编》《弈史》《吴郡丹青志》。

彭德先

彭德先，明末清初长洲（今江苏苏州）人，字敬舆，号游湖渔叟、玉遮山樵。明贡生。入国子监，倜傥有奇气。善书工诗文。习弓矢，研讨兵略、算数及水利、边防、星占诸学。明亡隐居玉遮山。著有《苏松历代财赋考》《赋役书》等。卒葬玉遮山。

汪琬

汪琬，长洲（今江苏苏州）人，字苕文，号钝庵，又号尧峰、玉遮山樵。顺治进士，曾任刑部郎中、户部主事等职。康熙时，举博学宏词科，授编修。因病乞归，结庐尧峰山，闭户著书。与魏禧、侯方域齐名，称"清初三大家"。有《钝翁类稿》《玉遮山人诗稿》。

刘潢

刘潢，清吴县（今江苏苏州）人，字企山，号西涛。诸生。乾隆拔贡。工诗，善歌，能度曲，以清才与顾宗泰齐名，吴中后起之秀中推首位，为"江左十子"之一。著有《月缨山房集》《玉遮山房诗稿》等。

顾礼琥

顾礼琥，清吴县（今江苏苏州）人，字西金，号峨庭、玉遮山人。状元潘世恩、吴廷琛的老师。乾隆进士。久居河督幕。荐为山东东平州同知，迁泉河通判，再迁河南上北河同知。以病自免，卒于河南。工诗文，曾与石韫玉、王芑孙等结碧桃诗社，号称"碧桃七子"。著有《玉遮山房集》《花韵庵诗馀》。

【历史遗迹】

萧统读书台

相传梁朝昭明太子萧统在此读书，建读书台。清顺治初，僧人昱慈在读书旧址建龙潭庵。现已无存。

玉遮山房

康熙年间状元彭定求所造，用来为父守孝，并长期在此读书，有房15间。现已无存。

玉屏十景

清代彭定求等人曾写诗歌咏山上十景：卧牛峰、读书台、钵盂泉、仙人洞、千步街、洗砚池、积绿园、卧花坡、千年松、百丈崖。

历代名人墓葬群

元代连州知州虞珏，明代武功伯兼华盖殿大学士、内阁首辅徐有贞，明末刑部侍郎、拙政园创建者王心一及其祖王应贤、父王有极，清代苏州状元彭定求之祖彭德先、父彭珑等葬于此山。墓址已无考。

【历代诗文】

谒先墓诗（二首）
元 虞集

先君太史弃诸孤之四年，集来吴门省连州府君大墓，始见叔父南山翁。翁与集同出太师雍国公，盖四从矣。翁曰，后会未可期，幸留数语识岁月。翁方客授外乡人，又以推人生年月日论祸福以助道，故不能久留城中。敢用赋此以承命云尔。

玉屏古柏与天齐，使过于今又七期。
各道遗书勾发上，西风江水鬓丝丝。

玉遮墓下有诸孙，东望沧波每断魂。
泣血三年馀喘在，更将哀泪洒荒园。

乾隆《苏州府志》

雨中过遮山（二首）
明 高启

松头急风回，飞雨不到面。
何处豁清愁，千山一人见。

寻钟入苍茫，一涧复一崦。
落叶去方深，山扉雨中掩。

民国《吴县志》

游玉遮山
明 吴宽

见山不识山，借问山中人。
玉遮亦深秀，翠色耸嶙峋。
肩舆绕其趾，面面松杉新。

峰峦稍回伏，穹隆复呈身。
细草被长岸，盛夏无埃尘。
乘闲即行乐，愿作兹山宾。

康熙《吴县志》

经玉遮山

明　史鉴

夜宿光福里，晨行玉遮山。
玉遮何深秀，冈岫相回环。
古来贤达人，累累冢其间。
碑文半磨灭，松柏多摧攀。
子孙不复来，存亡非所关。
感此成独立，临风涕潺湲。

《西村集》

玉遮十景诗

清　彭定求

卧牛峰

揭来雪山种，非缘鼻回。
一声横笛静，安隐白云堆。

读书台

慧业生天蚕，荒台迹可扪。
松风来谡谡，名与选楼存。

钵盂泉

石瓯何年凿，泓然潴玉泉。
蜿蜒收钵底，法雨遍诸天。

仙人洞

云木隐寒岩，仙子丹成去。
玉液涓涓流，苔花斑驳处。

千步街

径开修竹里，涧绕冷泉旁。
芒屩经行惯，清阴护石霜。

洗砚池

暗水迸青崖，潆洄当砚北。
刚风忽腾腾，瞥眼沉云黑。

积绿园

别圃萦幽壑，翁郁何青青。

偶然红紫间，空翠镇横屏。

卧花坡
一片花飞处，恰受幽人卧。
翠羽月明来，仿佛罗浮过。

千年松
试问虬枝在，凌霜老翠微。
参天还拔地，化作卧龙飞。

百丈崖
峭壁嵌青空，攀援杳不及。
猿啼虎啸绝，搔首通呼吸。

《采风类记》

龙潭十景诗为昱慈和尚作
清　尤侗

卧牛峰
分明水牯牛，露地吃白草。
骑牛更觅牛，孤峰峙天表。

读书台
读破万卷书，只留《文选》字。
惜不问达磨，如何是圣谛？

钵盂泉
一钵几时传？流泉三尺许。
以此贮毒龙，能雨大法雨。

仙人洞
仙乎几时去？去故而就新。
惟留桃花洞，开作千年春。

千步街
谁丈千步街？草鞋钱空费。
试一转竿头，绝迹无行地。

洗砚池
古砚无复存，墨香至今在。
汲写《遗教经》，一花散五采。

积绿园
翠竹即真如，黄花皆般若。
萧萧祇树林，谁是观空者？

卧花坡
岂被世尊拈？或经天女过。

我意都不然，只许山人卧。

千年松

老作支离叟，千年记得无？
宁伴七处士，不随五大夫。

万丈崖

撒手悬崖上，应同一鸟飞。
鸟飞无歇处，好逐白云归。

《尤侗集》

玉遮山

清　姚承绪

千峰层叠落岩花，赢得屏风号玉遮。
松老千年巢鹳鹤，崖开百丈卧龙蛇。
探幽疑入山阴道，积翠犹封洞口霞。
此是江南平远景，夕阳满地乱云斜。

《东渚镇志》

【公共设施】

兰博基尼酒店和江南雅厨

2006年，玉屏山东北麓建设玉屏山生态园。2014年，玉屏客舍会议中心在玉屏山建成并投入使用。酒店涵盖餐饮、住宿、会务、娱乐等多项功能。2022年，玉屏客舍会议中心经过改建和功能提升，引进了兰博基尼酒店和江南雅厨两大品牌。

江南雅厨

凤凰山

【山林概述】

　　凤凰山，又名蜀山。据《太平寰宇记》记载，晋太康间此山中掘得石凤凰，因此得名。因山左有城隍庙，故又俗称城隍山。地处苏州科技城与吴中区藏书交界线，位于苏绍高速、逢春路、查山路、龙山南路之间，属于玉屏山一脉的西北峰。山长1 200米，海拔147.8米。由石英砂岩、石英斑岩组成。两山夹峙间有一条通路，山风从此穿越，名"风巷"，俗称四姑山弄。

【历史遗迹】

鹳石与凤凰台

　　半山有大石拔起如白鹳，灵秀特异，名为鹳石。下有平地一方，原建有凤凰台，今毁颓无存。

凤凰山之春

凤祥庵

坡上原有凤祥庵,现已无存。

沈瓒墓与赵大鲸墓

曾有明代广东佥事沈瓒墓,清代左副都御史、著名书法家赵大鲸墓。现已无存。

【历代诗文】

凤篁岭过赵学斋副宪墓

清 彭启丰

独镇凤篁岭,长眠抱白云。
千秋感知己,一恸惜离群。
落叶惊秋树,流光叹夕曛。
贞珉无谀说,冰鉴在衡文。

《芝庭先生集》

锦峰山

【山林概述】

锦峰山因山上出产紫赤色石而得名，又名石塘山。地处苏州科技城，位于华佗路、科灵路、景润路之间。山体由石英砂岩、石英斑岩构成，南北走向，长 1 600 米。主峰锦峰山，海拔 39.3 米；次峰小茅山位于主峰东北 0.6 千米处，海拔 23.7 米。

【历史人物】

郑起潜

郑起潜，南宋理宗时期人，字立升，号立庵。吴县（今江苏苏州）人。进士。官至尚书。据道光《浒墅关志》载曾居锦峰山。其父郑时发，官至奉议郎，与子同葬于此山。李根源曾在锦峰山东麓见过宋元古冢二座，今失其踪。

锦峰山鸟瞰

【历史遗迹】

石室土墩

2018年全国文物普查,发现山脊上分布有石室土墩2个。这些石室土墩是在山体基岩上,用石块垒砌两壁,以大石盖顶,外围再封土堆筑成。石室内多出土印纹硬陶器与原始青瓷等器物。这是夏商时期以来江南地区的典型遗存,与吴越文化有着密切的关系。

昭明寺

在锦峰山南,相传梁昭明太子萧统建。唐会昌中废,宋嘉泰中白马寺僧南公重建。元至正间僧本立又辟之,明洪武初年为丛林寺。中华人民共和国成立后,仅存房屋数十间,一度为新阳乡陈桥中心小学校舍。20世纪70年代吴县铜矿筹建开采,建造办公大楼,遗址被毁。

摩崖石刻

宋理宗书赐郑起潜"锦峰"二字,曾勒于石。今未见。

【历代诗文】

昭明寺记

元 虞集

吴中多古佛寺,往往有萧梁遗迹。郡城西四十里,曰锦峰之昭明寺,相传以为昭明太子建,故名。或曰锦峰之山产文石,为用器,其采色昭明。又或曰其寺中据沃壤,群山如屏如翼,去寺皆远,无所障蔽,因称昭明。然不见于纪载。岂会昌沙汰后,日就颓废,遂泯没无闻?

宋嘉泰中,白马寺僧,南公故里人也,归省父,父曰:"吾老矣,汝毋远寂。"南乃即其故址葺以居,辛苦劝乞,父以积财助之。历廿年余,法堂、僧堂、厨库粗备。土田侵去者,渐亦来复。其子本立实相其事。南殁,立躬任作劳,思成南志,益殖美壤,作佛殿门庑方丈之室,度弟子九人,相继主院事。至元中,执事懈惰,中微,南公愿力几息矣。一真始出乎其间,大有以充辟之,山林广袤而林木足用,土田易治而供糗有馀矣。屋宇华丽,外固内完,其计虑久远者,日以周备矣。昔之处此者,不知有所纪远,以待来者。故数起数偾,独真公知此意,亦自其积之不易,而成之不可忘也。

噫,为佛者,之初固不以植生营业为务,然四方名胜之区,或困于主者不一,徒众之集,失其所依,曾不若世继而守之者之为远也;惟得其人则易兴,不得其人则易衰,物理实然,非独昭明而已。斯真公之欲记之也,宜乎!先陇在吴,与寺相望为邻，故不辞为之书。

锦峰旧有宋穆陵亲书赐贵臣之家者，今留昭明云。

崇祯《吴县志》

憩昭明寺
元 陈基

山居有馀乐，纵游良不孤。
生多济胜具，岂辞足力劬？
处处青莲座，人人僧宝珠。
雨花无宿蒂，玉树尽新珠。
劳生局形迹，矫首谩踟蹰。

崇祯《吴县志》

登锦峰山
明 姚广孝

奇峰起苍旻，秀色郁可采。
灵石丽文华，晴空炫霞彩。
烂斑剥青晕，绸缊杂芳霭。
朝阳映犹辉，夕阴膏还蔼。
或云神州仙，鞭驱过沧海。
不经野火焚，讵逐岁年改？
肃屐晓飞陟，昂然立如待。
延瞩动幽抱，架户时有在。

康熙《苏州府志》

游锦峰山昭明寺记
清 李果

　　昭明寺在阳山西面锦峰山之麓，山产文石，梁昭明太子萧统曾居此，后构寺，因以名也。屋数椽，周以竹木，背有碧螺池，水泓泓可鉴，虽大旱不竭。乾隆戊午十月廿又五日，予与俞吉士诸君以事至山中。土人有言其境者，过焉，东则阳山王宴岭，西则彭山崦，西北则东渚、金墅，南为篁村、竹坞，隔数里而浒墅当其北。阳山本秦馀山，亦名四飞山，冈峦四面势飞动。田畴棋布，山高木落，望之若在户牖间。

　　予于此有感焉，昭明皇家子，寝食文史，所撰《文选》为选家馨宗。台城之祸，海桑几迁矣，而于此独不澌灭，以信势位有时而尽，惟文章可以不朽，至于今人犹有过之者，非地以人重欤？

　　长老为予指残碑，载唐会昌中沙汰沙门隐其地，宋理宗有赐尚书郑起潜"锦峰"

二字藏寺中。元至治某年重修，而继此兴修者又不知凡几矣。

文选楼旧址在扬州东门城下，往予客江都数至之，而此寺亦昭明所居，岂文人爱山水奇胜，栖迟托迹，有不尽出于后人之附会者耶？窃幸无意中得此地，又恨不与吉士辈俱游也。为之记。

同治《苏州府志》

锦峰山

清 凌寿祺

锦峰山岫秀嶙峋，奉议尚书迹未湮。
为有穆陵宸翰在，石湖两地照千春。

道光《浒墅关志》

锦峰石

清 凌寿祺

褐黄米史记评论，盘固侯居一甲尊。
别有阳山山外产，紫云朵朵护云根。
古长干上照琉璃，刻像犹传此石遗。
涤采不渝雨不润，何嫌远道凿嵚崎？
无穷金碧秀高峰，翘首斑斓锦万重。
时有畸人到山市，呼兄拜丈石间逢。

道光《浒墅关志》

游昭明寺

清 吴林

翠微深处访禅家，曳杖来过兴不赊。
钟声易寻前代寺，僧忙为哺后园茶。
篱边白醉销闲昼，松下玄言悟物华。
日暮感怀思旧碣，凄然读罢起长嗟。

《百城烟水》

【特产风物】

紫　石

山多文石，石紫色。明永乐间，造南京报恩寺塔，取此石刻佛像，以其阴雨不润，"可汝采色也"。又有旧志记载，山产磁石能引针。

锦峰山鸟瞰

【公共设施】

苏州金融小镇

苏州金融小镇，位于锦峰山东南麓，面积3.5平方千米，是集金融商务办公载体、金融文化展馆、水韵文化商业街、金融配套社区、高端酒店、共享文化广场、展览与信息共享中心、半山人才公寓、小镇客厅等一体的综合商业社区。

小茅山

【山林概述】

小茅山地处苏州科技城,位于华佗路、科灵路、景润路之间,与锦峰山为一脉,海拔24.5米,长346米,面积约0.8平方千米。

【历史遗迹】

小茅山道院

原址处于山体南坡。民间流传"先有小茅山(道院),后有(穹窿)上真观"之说,香火一度极盛。每逢道教诸神诞日或打醮之际,信徒潮涌,烧香船只挤满河浜,延绵数里,夜间俯视犹如火龙,山下一村庄由此得名火龙浜。后因采矿导致山体结构不稳定,2015年8月小茅山道院移建于东渚镇渚镇路北侧的姚江山,新道院于2016年9月对外开放。

明代墓葬遗址

2008年第三次全国文物普查时,在原小茅山道院北面山顶发现一座明代墓葬遗址。墓葬为竖穴土坑墓,中间为墓葬,外围一周土筑墓围。墓围直径10米,宽1米多;墓直径4米,高1米左右。墓葬方向正北,墓围北有一宽2米左右的入口。

周诏墓

周诏,曾任明代礼部侍郎,卒葬此山中。墓址已无考。

尤世求墓

尤世求,曾任清代南充知县,卒葬此山中。墓址已无考。

【特产风物】

铜 矿

小茅山产铜矿,曾建有吴县市铜矿厂。1989年10月改制为苏州市小茅山铜铅锌矿厂。2016年6月因环境保护和资源面临枯竭等原因,停止采矿。

【公共设施】

小茅山公园

小茅山公园位于苏州高新区科技城锦峰路西,结合小茅山的生态修复、绿化改造、功能升级,规划建设了步道慢行系统,串联起了山体、水榭、假山、长廊、池塘等,成为市民健身休闲好去处。

五龙山

【山林概述】

　　五龙山,又名乌龙山。位于苏州科技城济慈路、科灵路、光启路之间。山体由石英砂岩和石英斑岩构成,南北走向,长1.9千米,宽0.9千米。主峰五龙山海拔120.3米,次峰海拔105.9米。山上原有高岭土矿矿点和铅锌矿矿点。

　　青山,与五龙山相连,位于五龙山主峰西北,彩石湖西侧,是五龙山次峰,海拔48.2米。

　　北山嘴,与五龙山相连,是五龙山次峰,位于彩石湖东侧,海拔37.4米。

【历史人物】

惠有声

　　惠有声,字律和,号朴庵,明清时期著名经学家。以九经教授乡里,尤精于《诗经》,与其子惠周惕、孙惠士奇、曾孙惠栋四世传经,成为学术世家,被称为"二百年来东南第一家"。生前曾居五龙山下的东渚镇,死后葬五龙山东麓的扇子坞,墓葬现无考。

五龙山鸟瞰

【历史遗迹】

石室土墩

位于山脊上面，共有2个石室土墩。形态为在山体基岩上用石块垒砌两壁，以大石盖顶，再在外围封土堆筑成。该石室土墩特征明显，是夏商时期以来江南地区的典型遗存，与吴越文化有着密切关系。五龙山石室土墩为第三次全国文物普查登录点。

吴福墓

据载，山上原有明代福建布政使吴福墓，墓址已无考。

【历代诗文】

五龙山智慧阁记
当代　薛国清

姑苏西域多山。具区东泽，胥江北出，潆洄十里而群峰秀起者，五龙山也。山不甚高，而层峦叠嶂，葱茏馥郁。山脉横埂之间，则平畴如砥，一派江南秀色也。甲午春，治守浦公以其地气势峻拔，北枕通衢，广厦林立，科技聚集，菁英荟萃，实乃钟灵毓秀，一方形胜。爰令斫木剔岩，开辟平壤，于五龙山顶构筑楼阙，名之曰智慧阁。其意在倡导科创，标榜人文也。

观夫智慧阁之气象，南抚诸峰，湖山相接；云水苍茫，溪山千叠；登楼极目，襟抱顿开！而其景之极致在五龙观云，诸峰争高，平地兀起。云谷风壑，蔚为壮观。时而风云幻化，阴阳开阖；升腾奔涌，流光溢彩。而其四时之景不同，朝暮之象各异。故谓五龙观云，宜晴、宜雨、宜月、宜雪。概言之谓春晨观日，夏凉听雨，秋夜待月，

智慧阁

冬日赏雪。当其旭日初升，洪波涌起，东风浩荡，晨光璀璨，则可以观日；而或云帏雾幔，山雨欲来，莺啭入林，虫鸣破梦，则可以听雨；至若山岗罗列，雁阵横秋，松风摇荡，一空澄澈，则可以待月；至于长空寒彻，玉龙翻飞，绿蚁新醅，红梅初放，则可以赏雪。

嗟夫！江山风物，能成大观者，皆蕴人文之禀赋。夫智慧者，佛家之谓般若也。或曰，明察事相曰智，通达事理曰慧。此相此理，实存于天地之间也！人为万物之灵长，故其智慧得之天地。且景由心生，心因景移，所谓人有灵性则天地养之。《易》曰："天地絪缊，万物化醇。"五龙之景，集天地之气息，养人物之灵秀，智慧之阁，其实至而名归欤！

甲午秋八月，登斯楼，感而记之，以待后来之潘陆。姑苏薛国清撰。

【公共设施】

彩石湖公园

位于五龙山北麓，青山东麓，利用山体南高北低自然形态改造而成。改造后，新增绿化7000平方米，新增水域7500平方米，形成了塘坡相连的三级瀑布景观，成为观山、理水、融趣的特色山地公园。

智慧阁

处于五龙山次峰峰顶。2014年，为"倡导科创，标榜人文"而建，阁高3层。当代苏州书画名家谭以文题额。

彩石湖公园

牛头山

【山林概述】

位于科技城西南部,前景北路以北,姚江山路以西。山体由砂页岩和黏土构成。东西走向,长346米,海拔45.5米。

牛头山杜鹃

龙山鸟瞰

龙山

【山林概述】

龙山，又名小龙山，位于苏州科技城浒光运河东侧，太湖大道、龙山路、步青路之间。山体由石英砂岩构成，呈东西走向，长767米，海拔32.4米。20世纪60年代至90年代开山采石，大部分山体被采空，现存西坡和东坡残迹。

【历史人物】

惠周惕

龙山西北旧有小溪，水从太湖出，经原彭山湖汇入浒光运河处，名砚（一作研）溪。民国《吴县志》载，著名经学大师惠周惕曾居溪水之畔，因此世称砚溪先生。惠周惕，清代吴县（今江苏苏州）人。原名恕，字元龙。康熙进士，授翰林院庶吉士，改官直隶密云知县。少从徐枋游，开通敏达，涉猎群经章句。及长，受业于汪婉，成为汪氏入室弟子，更笃志群经。曾闭户十年，以读经书，成为通儒。与子士奇、孙栋并称"东吴惠氏三世"，俱以经学名世，惠周惕为创始者。他综论汉至近世学术，认为学有伪、有迂、有曲、有俗、有杂、有博、有醇、有通之不同，反对伪、迂、曲、俗、杂，主张博而醇，最后达到通的地步。这一观点体现在他研治经术的过程中，如所撰《诗说》一书，便有博而不芜，辨而不诡于正的特点，颇多博通实据之论。主要著作有《易传》《春秋问》《三礼问》等。

【历史遗迹】

蒋杲墓

蒋杲，字子遵，号篁亭、香岩小隐，清长洲（今江苏苏州）人。康熙进士。累迁户部郎中。出任广东廉州知府，廉清称名宦。雍正八年（1730）奉命监修浙江海宁海神庙，将竣工时卒。家有贮书楼藏书精善，校勘经史图书数百种。文学博赡，八岁即为蒋灿、蒋若来作《忠孝传》。精于诗论，《唐宋诗醇》多引其说。著有《于京集》《挹秀集》等。卒葬此山中，墓已毁。

蒋元益墓

蒋元益，字希元，号时庵，清长洲（今江苏苏州）人。乾隆中进士第一。官至兵部右侍郎。好谈文，重骑射。经史诗词均有研究，能于博中求深，广中求精。致仕归里，主讲娄东书院，复主紫阳书院。著述甚富，有《廿一史订误》《周易精义》《清雅堂诗余》传世。卒葬此山中，墓已毁。

【公共设施】

苏州高新区文体中心

位于龙山西麓。2013年启动建设，2016年11月投入运营。建筑面积达17万平方米。文体中心下设三馆三中心：文化馆、图书馆、体育馆和全民健身中心、影视中心和商业中心。

龙山体育公园

位于龙山西坡，面积3.5万平方米，结合采石宕口修复工程建成。它是一个以龙山原生态自然山体为特色，集体育运动、休闲、旅游、文化、娱乐等于一体的综合性体育公园。设有坡地门球、半山沙滩排球、森林儿童乐园等项目。2018年建成投用。

苏州高新区文体中心

苏州民族管弦乐团音乐厅

位于龙山西麓,高新区文体中心南侧。音乐厅地下1层,地上3层,风格简约大气,设施设备先进,占地面积0.78万平方米,建筑面积约1.9万平方米,最大可容纳769位观众,可以满足音乐会、话剧、音乐剧、舞蹈、戏曲等不同形式的文化演出要求。2018年3月开工,2019年11月竣工启用。

庄里山

【山林概述】

庄里山位于苏州科技城中心地带。山体呈南北走向，长 519 米，高 70.4 米。太湖大道（二期）穿山而过，山体被分为南北两部分，部分山头因开采石料、矿石等被削去大半。2019 年开始在太湖大道北侧，围绕庄里山建设南京大学苏州校区。

【历史遗迹】

石室土墩

2007 年 9 月第三次全国文物普查时，在山顶和山脊新发现大小相近的石室土墩 8 个，其中南山脉上 2 个，北山脉上 6 个。除 1 个遭到破坏外，其余 7 个基本完好。该土墩均为在山体基岩上用石块垒砌两壁，以大石盖顶，外围再封土堆筑成。这是夏商时期以来江南地区的典型遗存，与吴越文化有着密切关系。庄里山石室土墩为第三次全国文物普查登录点。

庄里山鸟瞰

庄里山石室土墩

【出土文物】

庄里山文物

2020年，南京大学苏州校区建设前，对庄里山周边地块进行文物勘探和发掘，发现一批各历史时期的文化遗存。在庄里山西侧地块发掘区主要发现唐宋时期的文化遗存，包括水沟、灰坑。南部发掘区发现宋代、明代和清代文化遗存，以明代房址和清代墓葬为主。墓葬有明代成化年间墓葬1座、清代墓葬26座。发掘时，从墓葬中出土一批文物，以青花瓷碗、青花瓷盅为主，另有银簪、铜簪等，墓葬共出土器物96件。

【公共设施】

南京大学苏州校区

南京大学苏州校区沿庄里山（北部）东、北、西麓三面，环山而建。该校区批复总面积近2平方千米，其中校园规划面积0.79平方千米，为南京大学四大校区之一。2019年3月16日，南京大学与苏州市人民政府签署南京大学苏州校区建设协议，双方采用"人才培养、科技创新、国际交流、产业发展"四位一体协同推进的合作模式，共同建设一个融国内一流的高水平应用型大学、创新型特色研究生院、一流的国际学院为一体的南京大学苏州校区。南京大学苏州校区在建设上，坚持与其他校区"同等标准、错位发展、创新机制、国际一流"的理念，在人才引进和人才培养上与南京大学同等标准，并对接苏州产业的现状和规划，对标世界顶尖大学，力争建设一批与南京大学南京校区错位发展的国际一流应用型学科。2021年9月，南京大学苏州校区本科学段首批招生。同年，南京大学苏州研究生院（西区）在新校区落成。2023年7月，南京大学苏州校区正式启用。

黄区山

【山林概述】

黄区山，又名黄岖山，位于庄里山西北部，部分地图称其为王区山。山体由砂页岩和黏土构成，南北走向，长 207 米，主峰海拔 17.2 米。1983 年建造太湖大堤时曾在山上采石。

【历史遗迹】

黄区北小山遗址

位于黄区村西北，土墩南北长约 56 米，东西宽约 48 米，墩体高 2—4 米。墩上能采集到印纹硬陶。土墩曾出土多座古代墓葬，在墩的东南部分，现有浇浆墓 1 座。综合来看，此墩应该是春秋战国时期的土墩，明清时期成为附近居民墓地。2007 年 9 月收录为第三次全国文物普查登录点。

黄区山遗址

位于黄区山西北山坡上，黄区村东。遗址紧贴山坡，呈长条形坡状堆积，南北约 100 米，东西 40 米。遗址堆积较为简单，表土下即为 50 厘米的堆积，下面为生土层。采集到的陶片多为夹砂红陶、红褐陶等，为一处典型的马桥文化遗存。2007 年 9 月收录为第三次全国文物普查登录点。

黄区山遗址

馒头山

【山林概述】

馒头山,因山顶有熟泥堆积成馒头状,故名。又名猪头山、渚头山、馒首山。馒头山位于东渚镇姚江村与淹马村交界处,渚镇路北侧。山体由砂页岩和黏土构成,南北走向,长325米,海拔55.2米。

姚岗山,又称姚江山、箬帽山,位于东渚大寺和姚江交界处,姚江山路西侧,馒头山西北侧,海拔51米。

鲍家山位于馒头山东侧,海拔25.4米。

【历史遗迹】

窑墩遗址

位于馒头山、鲍家山之间,为新石器时代遗址。原是一处高出地面3至4米,面积约400平方米的土墩,因窑厂取土,逐渐变为平地。1980年4月取土建土窑时发现东汉古墓。随后,文物部门在此采集到磨制光滑的双孔石斧、石锛、夹砂红陶鱼鳍形大鼎足、"丁"字形断面的鼎足、满饰划纹的夹砂红陶器耳、泥质黑衣陶豆盘、饰有竹节和镂空的豆把、带有断凿附加堆纹的夹砂红陶罐腹片,以及泥质灰陶、黑衣陶罐口沿等。这些文化遗物的特点,与草鞋山、张陵山遗址中早期良渚和典型良渚文化的遗物相接近,是距今4 500年左右的古文化遗址。窑墩遗址的发现,为进一步研究太湖流域的古老文化,提供了重要的实物史料。1986年3月公布为吴县文物保护单位。1986年3月,被认定为苏州市文物保护单位。

铜甗(出土于馒头山,现藏吴文化博物馆)

印纹硬陶瓮（出土于馒头山，现藏苏州市考古研究所）

铜壶（出土于馒头山，现藏吴文化博物馆）

石室土墩

馒头山顶部有一处馒头状的土墩，这个土墩是在山体基岩上，用石块垒砌两壁，然后上用大石盖顶，外围再封土堆筑成土墩，为馒头山1号石室土墩，上口东西7米，南北5.4米，下口东西32米，南北30米，高5米。2007年9月收录为第三次全国文物普查登录点。

小茅山道院

原址在小茅山下，因小茅山山体沉降，迁至姚江山脚。2017年6月投入使用。新修建的小茅山道院占地约59 000平方米，建筑面积约3 600平方米。中轴线上建有山门殿、三茅殿、玉皇殿和办公楼，两侧分别建有土谷殿、财神殿、观音殿、福德殿、东岳殿和文昌殿。

鲍家山墓

墓葬位于东渚镇淹马村，馒头山东。墓葬为竖穴土坑墓，外围一周土筑墓围。墓葬长满小毛竹。其顶部多榆树，杂草丛生，墓东有一棵杨梅树。墓葬东西上口7.6米，下口10.6米；南北上口7.3米，下口10米；高1.5米。2007年9月收录为第三次全国文物普查登录点。

严山

【山林概述】

严山，原属通安，2005年划归苏州科技城管理。西距太湖4千米，东南与阳山相距1.5千米，原海拔22.5米。西南与平王山、恩顾山、彭山、龙山等断续相连，成为浒光运河西岸低矮丘陵区。因开山采石，目前山体只剩下南麓极小一部分了，被建设成为对市民开放的严山公园。

【出土文物】

严山窖藏等文物

1958年严山开始采石，1986年4月开山采石时，在山体东南麓发现3平方米大的长方形土坑，土坑底部有8块大玉璧，矿工们还在炸松的石堆里找到其他玉器。在

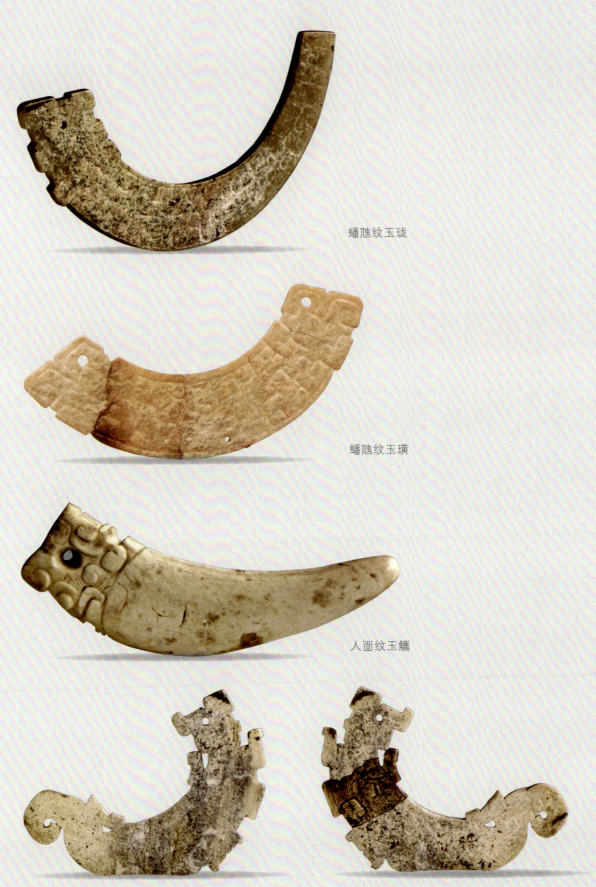

蟠虺纹玉珑

蟠虺纹玉璜

人面纹玉觽

虎形玉佩

鹦鹉首拱形纹玉饰

绿松石玦（以上皆出土于严山，现藏吴文化博物馆）

通安镇平王小学老师反映情况后，吴县文管会及时追回文物402件，内有璧、环、瑗、璜、斧、琮、珑、兽形饰、虎形佩以及绿石质珌、玦、料器等玉器204件，其中鹦鹉首拱形玉饰和双系拱形起脊玉饰为国宝级文物。严山的春秋吴国王室玉器，为研究春秋时期吴国历史文化提供了重要物证，现均由吴文化博物馆收藏。

【民间传说】

落地成山

很久以前，一个春节前夕，有个仙人肩挑着一副担子路过此地。按照民间的习俗，每年岁末远在他乡的客人也要赶回家去与家人团聚，一起吃年夜饭。这个仙人尘缘难断，道行还不是很深，也想回成仙前的家里。看看年夜将临，他心中着急。为了赶路便把身上的担子撂了下来。谁知一落地，就变成了两座山，一座是平王山，一座是严山。

平王山

【山林概述】

平王山，原属通安，2005年划归苏州科技城管理。平王村以山名，距通安镇2.5千米，村东北与严山村相连，村南与青峰村隔河相望，村西与中桥村毗邻，因开山采石，平王山仅保留了部分山体，形成的宕口积水成潭，如今被称为"平王湖"。山体南麓的最高山体，原海拔24.1米，现高约10米。现在的平王山整体都在中国移动（苏州）软件研发院内。

【历史遗迹】

平王山庙

山上原有平王山庙，曾作学校。现已无存。

平王山湖景

恩顾山远眺

恩顾山

【山林概述】

恩顾山原是恩山、顾山，两山相连，故合称恩顾山。因山体如一头卧牛，因此当地人又叫牛山。恩顾山位于高新区普陀山路、富春江路相交处，原属通安中桥村，2005年划归苏州科技城管理。恩顾山长0.8千米，宽0.3千米，海拔21.9米，现建设成为恩顾山公园。

【历史遗迹】

积庆庵

据载，积庆庵又名集庆庵，为文殊寺之子院，在恩山之半处，地胜绝，令人生世外之怀。设祖师殿、大王殿，殿内塑有各类大小菩萨，香火旺盛，后被全部拆除。

恩顾山（局部）

【历代诗文】

恩顾山
清　凌寿祺

神龙回顾处，乃在此山阿。
试问青囊客，寻龙孰与多？

道光《浒墅关志》

集庆庵
民国　李根源

至恩顾山六十三人墓，面灵岩，同治壬戌立。下为城隍庙，上为祖师殿，古名集庆庵，有嘉庆十二年三月《胡布政因善推善碑》。

《吴郡西山访古记》

【民间传说】

龙报母恩

相传阳山龙母产龙三日后，龙来省母，以报母恩，去时回顾不及而成山，故名恩山、顾山，通称恩顾山。

彭山

【山林概述】

彭山位于通安西南4.5千米处，海拔36.5米，东距阳山3千米，北为恩顾山，南有彭山湖，也叫彭山淹。彭山原属通安，2005年划归苏州科技城管理。彭山湖原址现已建成公园，供周边居民游览休闲。

【历史遗迹】

商周文化遗址

彭山南麓有商周文化遗址，遗址东西长约300米，南北宽80米，文化层厚1.5米。部分文化遗存已遭破坏，采集到石刀、石镰等石器和釜、瓦腹、罐口沿等陶器及原始瓷盅等80余件。

彭山塔

山巅旧有塔，现已无存。

【历史人物】

陆在新

陆在新，清长洲（今江苏苏州）人，字文蔚，号圭庵。康熙五年（1666）举人。

彭山公园

授江南松江府学教授，巡抚汤斌以卓异荐。后擢江西庐陵知县，恤民疾苦，礼贤爱士，设四门义塾。在任三年大治，卒于任，祀吉州名宦祠。曾纂修《庐陵县志》。据道光《许墅关志》载，陆在新宅位于彭山。

【历代诗文】

彭山赠贯之

宋　胡宿

彭山隔重湖，落日见孤塔。

扬舲入空旷，烟树游鹅鸭。

山中老癯仙，万顷纤芥纳。

乘风落玦唾，暝色远相答。

平生尔汝分，磁铁契已狎。

万缘一笑空，是处无剩法。

方舟过谷隐，风雨寒霎霎。

黎明带星归，尚及斋鼓踏。

临岐戒后会，梅熟新秧插。

期我散缣楮，莫忘鸥盟歃。

《吴都文粹》

鎮湖

大貢如大人小貢如小臣大人方正菊
小臣夫垂紳太湖七十山而此爲正珍
王逢中大小貢三山詠之句 文徵明書

大贡山和小贡山

【山林概述】

烟波浩渺的太湖水域，有"团团三万六千顷，重重七十二高峰"之说。大小贡山，就是太湖七十二峰中的两个，它们既是山名，也是岛名。

大贡山位于太湖贡湖中，面积 0.7 平方千米，山体由石英砂岩构成，土壤为砾质红黄土，隶属镇湖街道马山村，与陆地距离大约 1.5 千米。大贡山岛东西向偏长，最高的中峰称大抛头顶，海拔 69.4 米，是镇湖最高的山峰。

小贡山在大贡山东偏北，两岛相距 0.5 千米。小贡山岛东西长 0.7 千米，南北最宽处 0.6 千米，面积 0.2 平方千米。小贡山岛由 4 座小丘组成，主峰枇杷山在岛东南部，海拔 26.9 米。北部山峰猫捕山海拔 10 米，西部鱼场山海拔 11.8 米，南部笠帽山海拔 12.3 米。山体由石英砂岩构成。东南部内陆有小荡，水面面积约 0.1 平方千米。岛上林木茂盛，有松林、果树、稻田等。1961 年，小贡山岛曾作靶场。

太湖贡山岛

大贡山与小贡山之间湖面，称金湖门。以前两座岛屿间并不相连，现在修了一条六七百米长的堤坝和两座桥梁，使两座小岛在太湖中相接。

倘若要登岛，要在贡山码头坐游艇，十分钟左右的航程，就能抵达小贡山岛的木栈道码头。如今，小贡山岛主要种植水稻、蔬菜、果树等，有一座餐厅，接待上岛游玩的客人。沿着人工修建的长堤行走，可以达到大贡山岛。

【历史遗迹】

白莲寺

大贡山原有东西两座白莲寺，均为清同治年间建造，相传为西华十八景中的两景。清末两寺皆移至郁舍八图里（今马山村），1970年后拆毁。

石井

大贡山上原有石井一口，为先民打鱼停靠大贡山时解决饮水问题。后来也为村民在岛上开荒种树等提供生产生活用水。传说井中遗有一侠士留下的一双草鞋，穿之过湖如履平地。

金鹅石

清代金友理《太湖备考》录："大贡山北岩外有金鹅石。童谣云：'二贡斗，金鹅升；六龙斗，金鹅沉。'崇祯末，西华（镇湖古名）乡人陆龙者多力，与侪辈至金鹅石游玩。石如鹅，一足立磐石上。或谓龙曰：'尔能推倒，当宰鹅以食。'龙奋身掮之，金鹅竟倒水中，龙于是夕呕血死。"一处绝妙的景致，就这么被逞能者毁掉了。

五石浮

贡湖（太湖的组成部分）昔有"五石浮"，崇祯《吴县志》形容"有若五星聚"。潮涨潮落之间，就会出现小礁忽隐忽现的景象。唐代陆龟蒙荡舟至贡湖看到这样的景观写下："尝闻咸池气，下注作清质。至今涵赤霄，尚且浴白日。"大小贡山是观赏"五石浮"的最佳地点。

【历代诗文】

望大小贡二山

元　王逢

大贡如大人，小贡如小臣。
大人方正笏，小臣亦垂绅。

太湖七十山，而此我所珍。
清淑萃间气，端厚凝风神。
岳路莲一朵，海偃月半轮。
远分马迹秀，近夺蛾眉真。
岫幌蔽素夕，云盖拥高晨。
深容虎豹隐，幽绝狐兔邻。
将军虽相望，邈若越与秦。
我行柯村外，紫翠忽鲜新。
不无灵异栖，飞渡招隐沦。
泫泫白水波，杳杳清路尘。
芳荛被中沚，采之泪盈巾。
父老昧知识，谓我诸侯宾。
我岂诸侯宾，均是天王民。

乾隆《吴县志》

耕馀录（节选）

明　杜琼

正统十四年正月六日，太湖中大贡山、小贡山斗开阖数次，又共沉于水，起复斗，逾时乃止。观者如堵。

道光《苏州府志》

【民间传说】

岛名的由来

传说大禹治水时曾到过这里，苏州的百姓在岛上向大禹进贡本地的农产品，因而后人把这两座小岛叫贡山。

乌龟化山和蛟龙变身

《独异志》曾记载："禹治水渡游江，风涛甚，有二花蛇龙负舟而过，左右恐惧，惟禹安然无畏。"倘若从高空俯瞰大小贡山岛，则大贡山好像浮水的乌龟，小贡山宛如水中的蛟龙。民间传说大贡山原是乌龟所化，小贡山是龙的化身。

【特产风物】

贡山茶和贡山桃

1958年，大贡山岛建起了贡山林场，山上是松林，山麓种果树和茶树。盛产贡山茶、贡山桃。据记载，贡山茶因常年沐浴着太湖水汽，加之阳光充裕，土壤肥沃松软，

贡山茶场

无论是口感还是品质均属上乘。贡山茶早在南宋时期就受到了皇帝的喜爱,从那时开始,就贵为御品。至明清时期,贡山茶名气更甚,因而民间也把贡山茶称之为贡茶。《镇湖镇志》上记载,贡山茶曾在原吴县市茶叶评比中获一等奖,1980年江苏省茶叶评比中获第三名。时至今日,贡山稀世茶园已有0.2平方千米,种植有"大白茶""鸡坑""楮叶种"等优良品种。名茶来自名山,实谓可信。贡山桃产量少,品质佳,大而嫩脆,汁丰味甘,甜美鲜洁,曾是江苏、浙江、上海等地水果市场的抢手货。

贡山草药

大小贡山还是一个草药的宝库。正如当地老人所说的一样,贡山岛上无闲草,漫山遍野都是宝。大小贡山上生长着灵芝、茯苓、党参、天冬、麦冬、金银花等多种草药。

马山

【山林概述】

马山，又名石套山，紧邻太湖，与大贡山隔湖相望，其间湖面宽 1.5 千米左右，当地人称马档，逢西北大风，湖流湍急。山体由泥盆系石英砂岩构成，海拔 31.4 米，是镇湖陆地最高山峰。

1959 年起，当地村民开山采石，马山靠太湖边的 70% 的山坡在开采石英石和瓷土时被夷平，已不复原貌。

进入新世纪，苏州高新区全面禁止开山采石，大力实施山体复绿整治。马山西临太湖开山采石留下的宕口，成了一座"面朝太湖，春暖花开"的风光湖、风景湖。

【历代诗文】

马 山

自南山至此（马山），诸山皆在西华、坟鬐之内，其地长约数里，形如牛角，外狭内宽。游湖在其左，贡湖在其右。凡山之曰在游湖岸者，近游湖者也；曰在贡湖

马山鸟瞰

马山宕口湖

岸者，近贡湖者也。其实诸山总在两湖之间。

《太湖备考》

【民间传说】

大小马山隔水相望

传说上仙曾派遣一神马下凡。这匹神马是母马，下凡时已经怀有马崽，经过太湖岸边的时候刚好产下一匹小马。此时天色已晚，神马要带着小马一起渡过太湖前往对岸。小马刚刚出生，气弱力微，卧身难起，望着白浪滔天、茫无际涯的太湖，恳求神马道："不如明天再过去吧。"神马见小马不肯走，犹豫了一下，叹息一声，撇下小马独自踏浪而去。到了对岸，神马终究还是舍不得丢下马崽，便留在那里等它。第二天，小马仍无法踏浪过湖，母子俩隔湖相望，泪眼涟涟。也不知过了几世几代，上仙就将两匹马变成了两座山。一座在无锡，名曰大马山。一座在镇湖，名曰小马山。两座山为两地百姓挡住了太湖风浪，免受其害。小马山状如稳卧的一匹马，马身（山体）稍侧卧，横向太湖，马头向着大马山。当地村民简称小马山为马山，并以山名作为村名，称为马山村。马山东北部有一条石埂向北延伸至太湖中，传说就是那匹小马的尾巴，人称马埂。大小马山隔水相望，演绎了一段母子情深的传说。

【公共设施】

马山游客中心

马山游客中心是苏州西部生态旅游度假区的旅游配套设施，位于宕口湖的南边，背山朝湖，建筑别致，名曰"蜻蜓拂水"，是一处宁静致远的休闲妙处，让游客依湖而居，靠山休憩。

秀峰山鸟瞰

秀峰山

【山林概述】

秀峰山，又名聚秀山，位于镇湖的正中方位，古时乡人称秀峰山是西华之气脉。秀峰山林木茂盛，山体由石英砂岩构成，海拔14.6米。镇湖到东渚的公路在秀峰山东坡破山而过。

吴家山又名西华吾家山，是秀峰山南出支脉，海拔14.9米。

【历史遗迹】

李根源等人留墨

1926年，李根源先生一行至吴郡西山访古。他们来到秀峰山残寺时，曾立一青石匾，右首"秀峰"篆体两字为李根源所书。匾上由吴荫培孙女写的小楷，笔势清秀。

《采风类记》上关于西华吾家山的记载

可惜的是，此匾于1958年烧石灰时毁灭。吴荫培另赠一银杏木斋匾，上书"照世真灯"，后不知去向。

秀峰寺

秀峰山南坡原有南宋始建的秀峰寺。宋绍兴间，僧佛智开山，慈宁皇太后召师演法，寻归西华，示寂后被立塔，后破庵禅师示寂后亦被立塔。元至顺二年（1331），玉泉禅师重建殿宇。明初归并寒山寺，天顺元年（1457）僧昕日重修，后废。清顺治四年（1647），岫云行玮禅师结茅于此。顺治七年（1650）筑小楼。顺治十年（1653）郡绅李模、吴适复旧址。顺治十三年（1656）檀施孙缘宗等捐资建大殿法堂。顺治十六年（1659）建弥勒殿西楼。康熙八年（1669）建伽蓝师祖堂。康熙十年（1671）建杜鹃楼，置田百余亩，内浚池七十余丈；冬，建古南牧云通门禅师塔。

相传鼎盛时期秀峰寺共有寺屋5 048间，后经盛衰兴废、年湮坍圮、兵燹浩劫，20世纪50年代初只剩3间楠木殿，木殿内尚保存着完好无损的佛像。

秀峰寺的膳堂极大，可容纳百余名僧人吃饭。其"膳堂"两字大如匾。据说由一个烧饭僧用扫帚书写而成，笔势苍劲，唯两字皆缺少"口"，系因和尚吃粥不准有声而故意不写。秀峰寺兴盛时，西坡有6 666.7平方米十分茂盛的松林。秀峰寺最后的当家法师号郎净，时在清末民国初期，传闻说西坡之松林大部分被郎净砍下卖掉。

1958年，农业中学搬入秀峰寺屋。1959年，镇湖中学也迁至秀峰寺院内。1965年，秀峰寺改建为粮库。

【历代诗文】

辛卯重过秀峰寺礼祖塔
明　释通门

秀峰山下祖灯传，水色山光塔影连。
累石好经千百劫，怀香又隔十三年。
东山松柏宜重长，南浦烟霞只旧鲜。
直受沙盆贻厥后，天龙应卫一牛眠。

《百城烟水》

重兴西华秀峰禅寺碑记略

明末清初　徐枋

吴郡西南七十里，有山曰西华，其峰曰聚秀。宋绍兴间，创建精蓝，名秀峰寺。临济十一世佛智裕公，实为开山之祖。其得法弟子清凉坦公继席焉。又《续灯录》载：破庵先公出世，住吴之西华秀峰寺，则临济十四世孙也。复有太古、徽玉、泉滋及子源厚，先后于此驻锡。兹寺次于五山十刹，其盛可想见已。洎天顺初元，有洞庭长寿寺昕日长老来主事，取佛宇山田悉登诸券，诣官乞印，以贻后人。曾未百年，倾圮略尽。其裔孙一雨师持册按求，杳不可得，流涕而去。于是岫云行玮禅师起而兴复，化导有缘，信施填委，于是庀材琢石，陶瓦镕镤，梓人获夫，不戒而集。越明年庚寅，而方丈之室、燕处之楼，先已告竣。壬辰春，始扩复寺基，其间没为马氏二十余冢，皆厚与之资而悉迁去。越四年丙申，而大殿法堂相继落成。越三年己亥，弥勒殿及西楼又成。更越十年己酉，伽蓝殿及祖堂又成。越二年辛亥，而所谓杜鹃楼又成。外列僧房七十余间，置饭僧田百有余亩，浚池七十余丈，潴水以备旱涝。凡二十三四年间，经营缔构，广大闳深，不特顿还旧观，抑且远轶前轨，非道力其何能尔！师既示寂，其上首汉峰鼎公继主法筵，道望甚重。念师兴复之艰，虑后之罔闻知也，请书其事，以勒诸贞珉。

民国《吴县志》

花开秀峰山

徐松之居士过访秀峰寺即事口占

清　释行玮

迢迢西华山，冷冷秀峰寺。

开法创宗庭，祖师称佛智。

千年奠湖滨，宋元及明季。

寺废虚空存，塔尖常仆地。

陵谷忽沧桑，古道未可弃。

遗址曳杖寻，旧隐殊深邃。

剪棘缚茅茨，缁英汇同志。

雪窗灯焰青，石榻秋山翠。

绀殿今当阳，松竹已成次。

往事犹目前，故人时一至。

拨草读残碑，为撰秀峰记。

愧无韵语酬，拈此西来意。

《百城烟水》

辛亥秋过访秀峰岫云和尚

清　徐崧

揽胜正新秋，西华祖塔留。

前朝黄叶寺，此日杜鹃楼。

殿静常飞鸽，溪清好放牛。

到门犹未久，雷雨下峰头。

《百城烟水》

【公共设施】

中国刺绣艺术馆

中国刺绣艺术馆位于秀峰山东南麓，占地面积0.8万平方米，是国内规模最大，集刺绣技艺研发、学术交流、展示评比及文化传播等多功能于一体的专业性刺绣展馆。2013年被评定为国家AAAA级旅游景区。

杵山

【山林概述】

　　杵山，俗名褚山、鼠山。濒临太湖，在慈姑港（一作师姑港）口西南，与金鸡山隔慈姑港相望。山体西南东北走向，由石英砂岩构成，海拔21.6米。后因开山采石，山体60%被夷平。

【历史遗迹】

中和禅院

　　杵山南坡原有中和禅院，俗称大王殿，旧时常举行庙会。1960年拆除。

【公共设施】

杵山生态公园

　　杵山生态公园在杵山原址建造，位于太湖大堤西侧，占地0.39平方千米。它是集生态环保湿地、娱乐休闲旅游、国际专业垂钓等功能于一体的生态型主题公园。景观分区为"一带四区"，即大堤景观带，专业垂钓区、会员垂钓区、公众垂钓区、湿地观光区。

杵山生态公园

太湖一号房车露营公园

米泗山

【山林概述】

米泗山系马肚山南出支脉，海拔 12.5 米，濒临太湖。曾开采石英石和瓷土，留下巨大的采石宕口。米泗山东侧的米泗村，2021 年获评苏州市特色田园乡村（特色精品乡村）。

【民间传说】

米泗村的由来

关于米泗村的由来，还有一个故事。传说米泗村甚是富足，尤其是粮食很多，家家囤米积粮，又因靠着太湖，水产品丰富，是典型的鱼米之乡。后来不知道从哪里来了很多老鼠，一说是杵山的老鼠精，偷光了米泗村家家户户囤的粮食，使得当地村民吃饭都成问题。于是人们为没有粮食吃而发愁哭泣流涕。鼻涕古称泗，村庄也就易名为米泗村。

【公共设施】

太湖一号房车露营公园

2014 年，经过多年景观再造，利用米泗山体及宕口，按照国际四星级露营标准，建成太湖一号房车露营公园，打造成湖畔型露营地。此后，快速成长为全国规模最大、设施最全、标准最高的房车露营公园。近年，露营公园因故暂时关闭。

新盛山鸟瞰

新盛山

【山林概述】

新盛山位于镇湖新盛村北,濒临太湖,海拔15米,产黄石。

镇湖半岛北侧自新盛山至杵山一带长达5千米的弧形湖湾,是一个理想的旅游目的地。这里北依青山,南眺湖岛,岸滩坦荡,湖水悠悠,水天一色,风光旖旎。著名的网红打卡地西京湾,就位于这里。西京湾是苏州高新区重点打造的沿太湖旅游风景区,被誉为北太湖最美的地方,苏州的北海道。

【历史遗迹】

祖师殿

新盛山东山嘴原有祖师殿,农历三月初三为祖师宝(生日),也是当时西华地区的一大庙会。庙宇于 1968 年大部分被拆，建新盛小学，仅留一僧居余下的房屋。1970 年僧人去世，庙宇全拆。

【公共设施】

新盛茶园

现在，新盛山面朝太湖的一面，遍植茶树，名曰新盛茶园。新盛茶园由日本设计师松原独步设计，简单、质朴、原始，屋前有湖，屋后有山，配以柔美的湖光，风景十分优美。

翠湖雅居

苏州首家茶文化主题酒店翠湖雅居，坐落在新盛山南麓。酒店围绕"苏州""茶"元素，引入竹林、山水、太湖石，营造出曲径通幽、移步易景之感。作为新盛山的一部分，酒店又与新盛茶园、上山岛居融为一体，成为赏景胜地。

新盛山茶园

游城山

【山林概述】

游城山,又名牛城山、庙山。位于镇湖东干里村东南侧游湖西口,海拔13.8米。

【历史人物】

铫 期

铫期(?—34),字次况,东汉"云台二十八将"之一。本是颍川郏(今属河南)人,不知从铫氏家族的哪一代,也不知出于何种原因,迁徙到了江南吴地。《镇湖志》记载:游城大王,与西京母氏大王是甥舅关系。这里的西京即镇湖的西泾村。所以,一般认为,铫期的乡籍为姚家园(吾家山村西南处)。

在巨鹿之战中,铫期立下汗马功劳。后来,刘秀任命铫期为虎牙大将军。铫期乘机劝刘秀进位称帝。刘秀即皇帝位后,封铫期为成安侯,食邑五千户。

【历史遗迹】

游城大王庙

游城山山脚太湖边原有游城大王庙,游城大王即东汉名将铫期。庙于1958年拆除。1995年在山上建造塔陵。

【公共设施】

苏州太湖国家湿地公园

苏州太湖国家湿地公园位于游城山东麓,规划总面积4.6平方千米,一期对外开放2.3平方千米。苏州太湖国家湿地公园是一个自然与文化相融的个性独具的滨水生态休闲景区。2011年9月通过验收成为国家湿地公园。2012年被评定为国家AAAA级旅游景区。

上山

【山林概述】

上山，位于镇湖境内最西部，上山村北，海拔 20.5 米，地面土质淡黄色，山上林木茂盛，有果园苗圃。

【历史遗迹】

隆福庵

南坡原有隆福庵，20 世纪 50 年代湮没。

马舍山

【山林概述】

马舍山，又名西山。位于镇湖马舍村东南，南临太湖，西至油松山。山体南北走向，南北长800米，东西宽500米，为镇湖境内南部最大山丘。主峰俗称凤凰岭，海拔31.7米，面向南太湖。次峰后北山（一称后博山）位于主峰东北0.5千米，东西走向，海拔20.5米，地面土呈黄色。次峰虎谷山位于主峰北0.5千米，海拔20.1米，红色岩石出露，山形似虎头，故称虎谷山。马舍山山脉起伏，丛嶂叠翠，壑深谷幽。

裸心泊度假村

【历史遗迹】

石室土墩

　　马舍山山顶有一处凸起的土墩，南北底径 25 米，东西 15 米，土墩高 4 米。土墩是在山体基岩上，用石块垒砌两壁，然后上用大石盖顶，外围再封土堆筑成土墩，石室内多出土印纹硬陶器与原始青瓷等器物。土墩西侧山体由于修建太湖大堤而被削去，土墩顶部出现凹坑。石室土墩这类遗存分布密集，特征明显，是夏商时期以来江南地区的典型遗存，与吴越文化有着密切的关系。马舍山石室土墩为第三次全国文物普查登录点。

【公共设施】

裸心泊度假村

　　苏州裸心泊度假村建在马舍山南麓沿太湖山坡上，2020 年 10 月正式开业，占地近 10 万平方米，拥有湖景别墅、山林套房、裸心别墅等特色主题客房及服务配套设施，为宾客提供高品质度假体验。这里一边是田野、农舍、林木，一边是芦苇、波光、渔舟，正是休闲度假的好去处。

邢舍山

【山林概述】

邢舍山，位于镇湖境内中西部，在邢舍村北，山体东西横向800米，主峰高17.8米，由泥盆系的黄石岩组成，地面上土质黄色，树木稀疏。

朱家山

【山林概述】

朱家山，位于镇湖后巷村南，海拔12米。

小连山

【山林概述】

小连山，距太湖北岸连头村250米，石质基岩，海拔13.4米。西北最长处70米，东西最宽处90米。夏天雨季，太湖水涨，小连山成为岛屿。冬季枯水，太湖水落，小连山成为陆地。

西洋山

【山林概述】

西洋山，位于镇湖西洋村北、邢旺村西南，海拔16.2米，山上有果园苗圃和树林，地面土质灰黄色，树木成林。

舟山

【山林概述】

舟山，又名石帆山，相传山上原有一形似船帆石峰，故名。位于镇湖石帆村。

沿太湖湿地

舟山海拔 11 米，山体由石英砂岩构成，从马桥到马山的公路破山而过。

马肚山

【山林概述】

马肚山，位于马山南 1 千米，濒临太湖，南北走向，海拔 18 米。曾开山采石。

金鸡山

【山林概述】

金鸡山，北与米泗山相接，濒临太湖，海拔 13.5 米，山体由石英砂岩构成。

东蛇姆山

【山林概述】

东蛇姆山，位于镇湖马桥村北，海拔 11.5 米，山体由石英砂岩构成，有公路越山而过。

西蛇姆山

【山林概述】

西蛇姆山，位于镇湖邢旺村西、杵山村南，海拔 8.8 米。

小南山

【山林概述】

小南山，位于镇湖集镇南 200 米的寺桥村，濒临游湖，海拔 16.2 米，产黄石。

东山

【山林概述】

东山，位于镇湖前塘桥村西，主峰海拔 20.7 米。山上有花木苗圃。

【历史遗迹】

东山庙

东山南坡原有东山庙，1958 年拆除。

照霞山

【山林概述】

照霞山，俗称照阳山、灶爷山，位于镇湖游城头村北，北与光福相接，海拔 18.9 米。

乌龟山

【山林概述】

乌龟山，俗称乌子山，又名五石浮山、五浮山，是太湖七十二峰之一，坐落在西太湖中，远看有头有尾，背呈拱形，形似一只乌龟浮在湖面。乌龟山海拔25米，南北长0.4千米，东西最宽处0.8千米，面积0.03平方千米，距镇湖上山村西南端约6.5千米。

1953年，镇湖新盛村村民在乌龟山上开垦荒地5 333.6平方米。1956年后，因交通不便，新盛村民弃耕回村。1980年后，乌龟山又成为荒岛。目前，乌龟山是镇湖管辖太湖水域的边界点。

【民间传说】

乌龟山的归属

相传对于乌龟山的归属，苏州与无锡曾有过多次争执，清朝时还为此打过官司，双方各有理由，互不相让。后苏州府台派出小吏，实地察看，以绳丈量，探测湖底深浅。结果，南距吴县陆地6.5千米（13里），北距无锡7千米（14里），并且靠吴县一侧滩浅，靠无锡一侧水深，又以吴县三洋村人开发此岛最早，因此判定给了吴县。

【当地谚语】

长风、扁雨、叠卵晴

由于乌龟山地处太湖湖中，太湖水潮涨潮落，岛时大时小。在长期的劳动生产中，当地村民根据乌龟山不同山形推测出天气变化，并总结出了谚语："长风、扁雨、叠卵（两头圆）晴。"这是农民观岛识天气的生活经验，也是农耕文明智慧的结晶。

后 记

苏州古城东有阳澄湖、金鸡湖、独墅湖和澄湖等串点成链；西有上方山、天平山、阳山、穹隆山等连绵成嶂，依山傍水，山环水抱。苏州高新区就位于苏州古城和太湖之间，山水互为呼应，景观开阖之间风水自来。山的沉稳、水的灵动，孕育出了这方土地上的运河文化、太湖文化、农耕文化、非遗文化、蚕桑文化……它们共同构成了灿若星辰的江南文化。

本书是"湖山风雅颂"的系列丛书之一。在编委会指导下，我们成立编撰组，多次开展项目讨论，明确编撰原则和编排体例，并按地域分成七个工作小组。编撰组对苏州高新区山体进行十余次实地调研，深入山峦沟壑，探寻历史遗迹，了解山风民俗和历史传说。随着调研的深入，编撰组仿佛打开了一座座历史文化宝库。这些连绵起伏的山体，钟灵毓秀，秀丽逶迤，深藏着文化遗产、历史遗迹，也是历代文人墨客心中的风水宝地。5 000多年来，这里的山还是那些山，它们蕴藏着故事，它们见证着发展，从良渚文明、吴越争霸、唐风宋韵、明清繁荣，一直到改革开放，迈向新时代。

从分布特点来看，苏州高新区的山体呈现出了五个山系特征，从东到西排列，就像五根手指一样，分别是以上方山、横山、狮子山为代表的七子山系，以支硎山、高景山、鹿山为代表的天平山系，以阳山、管山、鸡笼山为代表的大阳山系，以五龙山、馒头山、姚岗山为代表的庄里山系和沿太湖的低矮山丘。

编撰组最想搞清楚，也是最难搞清楚的是山的名字。这些山，数量众多，一山多名，一山多岭，还有很多当地村民的叫法。按照全面、系统、严谨的编撰原则，编撰组查阅了大量的志书古籍，寻访乡村贤达，寻找山林方位，力求编撰得翔实客观，确保将每一座山的前世今生精确记录出版。《寻山记》的书名也是这样得来的。

由于山体历史文化背景差异，上方山、狮子山、支硎山、阳山、大石山等蕴藏着丰厚的历史文化，考虑到篇幅和平衡，只作重点提炼，抛砖引玉，供读者继续关注研究。由于历史沿革和功能片区调整，本书根据当前行政区划，对山体进行了划分，可能与山体所属镇村历史有所偏差。编撰组还对每座山体及周边规划建设的生态公园、旅游景区、文博场馆、特色酒店等公共设施分段作了简介，这也成为山体历史变迁的发展见证。

望山见水记乡愁。我们有理由相信，通过挖掘山体历史文化，激发区域发展文化软实力，有利于自然人文内蕴与城市生活空间的精准融合，推动"一山一策"工作精准落地；有利于开辟新的认知空间和文化场景，助推苏州高新区这座新城与山水相融、与生活相融、与民众相融。

在编撰过程中，我们得到了各功能片区、区资规分局、区档案馆的大力支持，以及诸多文史专家、摄影家的鼎力支持，他们提供的文献资料和图片，对本书的编撰和出版起到了积极的推动作用。在此，我们也对支持和关心本书编撰工作的各单位、社会各界人士表示衷心的感谢！

编　者

2023 年 6 月

杵山

大贡山小贡山

高景山

横山

龙山

上方山

欢迎扫码观看山体视频

湖山风雅颂 寻山记

狮子山

树山

新盛山

阳山

玉屏山

庄里山

欢迎扫码观看山体视频

178

秀野軒記

一元之氣生物而得其氤氳扶輿以成其精英淋粹者為秀焉枝卿雲景星天之秀也崇崖繡溪山之秀也麟鳳羽毛之秀也瞪林碩穗人之秀也人介乎兩間又純攬其物之秀而歸之好樂寓之起息如昔人棲霞之樓腥心之亭見諸傳記者不一也吳人周君景安居餘杭山之西南望背邑倚銘峯之文石面邑挹貞山之麗澤君以肘玉遮之障左以睇天池之陂雙溪界其南北四山之間平疇禾野草木蔥蒨

車並而軒者景安之所逰息也軒之偏欹曲檻佳木秀卉翠斡玉映於閒楯之間囘江浙行省左丞周公題其軒之額曰秀野以誌其美此其嶼嗟乎物有托而傳野得人而秀雷塘謝池是已景安居是軒也又將觀列史侠書以鑒其事耶前言性行以進其學使他日有偉然秀出於餘杭之野者吾於景安有望焉因書以為記至正二十四年歲甲辰四月十日睢陽山人時年七十有一朱德潤畫并記